送给我的儿子
愿他和天下的孩子一起
健康快乐成长

24堂
男孩养育课

男孩的优秀，
需要父母成就

RAISING
BOYS

宋宋◎著

湖南教育出版社

·长沙·

图书在版编目（CIP）数据

24 堂男孩养育课 : 男孩的优秀，需要父母成就 / 宋宋著 . -- 长沙 : 湖南教育出版社 , 2023.6
ISBN 978-7-5539-9455-0

Ⅰ . ① 2… Ⅱ . ① 宋… Ⅲ . ① 男性—儿童教育—家庭教育 Ⅳ . ① G78

中国国家版本馆 CIP 数据核字（2023）第 061987 号

24 TANG NANHAI YANGYU KE : NANHAI DE YOUXIU , XUYAO FUMU CHENGJIU

24 堂男孩养育课：男孩的优秀，需要父母成就

责任编辑：陈慧娜　陈逸昕
责任校对：王怀玉
封面设计：异一设计
出版发行：湖南教育出版社（长沙市韶山北路 443 号）
网　　址：www.bakclass.com
电子邮箱：hnjycbs@sina.com
微 信 号：湘教智慧云
客服电话：0731-85486979
移动应用：贝壳网 App
经　　销：全国新华书店
印　　刷：三河市嘉科万达彩色印刷有限公司
开　　本：880 mm × 1230 mm　1/32
印　　张：10
字　　数：150 000
版　　次：2023 年 6 月第 1 版
印　　次：2023 年 6 月第 1 次印刷
书　　号：ISBN 978-7-5539-9455-0
定　　价：59.80 元

本书若有印刷、装订错误，可向承印厂调换

推荐序

育儿的本质，是解决问题

2017年，我在早教中心开讲座，宋宋老师来听我的课，那时候的她，和很多妈妈一样，忽略自己，只活成"××妈"。她很焦虑，想给儿子最好的教育，却不知道怎么做，被儿子的精力旺盛和爱哭爱闹折腾得筋疲力尽。

我告诉她："温柔而坚定，理解和回应。"

宋宋老师进步非常大。她系统地学习了育儿知识和心理学知识，考取专业育儿证书；她放下教条，去真正践行"理解和回应"。2018年，她的文章《一哭就抱会惯坏孩子？不，没抱够才会伤害TA》发布在我的公众号

上，里面的育儿观我非常认可。后来，她写出越来越多10万＋爆款育儿文，我能感受到她开始享受养育男孩的快乐。她自己也越来越有能量，开始去"回应"曾和她一样迷茫的家长，去"理解"更多的孩子，我很替她高兴，更欣慰她走在了"育儿育己共同成长"的路上。

　　所以，当宋宋老师邀请我为她的新书《24堂男孩养育课》作序时，我欣然同意。这是本落地可实操的"男孩成长指南"，宋宋老师用大量生动的案例展示男孩成长过程中容易遇到的"共性问题"，一针见血地指出原因，更直接给出拿来就能用的方法，帮助家长既能懂得道理又能解决问题。同时，这又是本"勇气成长指南"，宋宋老师自己经历过育儿的痛苦，所以她的文字特别共情。她心疼男孩的委屈，也心疼家长的辛苦，她用一个个案例告诉大家："没关系，不要紧，你已经很好了，都会好的。"这才是育儿的核心！

　　育儿的本质，是解决问题。这是我做教育的初心和坚守，很高兴宋宋老师也传递了这份力量。再次祝贺宋宋老师新书出版，我相信，家长既能在这本书里了解男孩成长的秘密，也能掌握应对男孩问题的技巧。最后，祝愿每位家长，轻松养育男孩，幸福成就自己！

小七老师

儿童早期教育专家

北京师范大学儿童心理学硕士

　　我看过这样一个令人哭笑不得的段子：拥有男孩的家庭绝对处于家庭鄙视链的底端，2个女儿＞1个女儿＞1儿1女＞1个儿子＞2个儿子！虽然这是句玩笑话，但确实突显出了家有男孩的父母痛处。育儿很辛苦，育男孩更辛苦，让人有喜亦有忧。是的！就是这么矛盾。

　　·男孩到底长没长耳朵？为什么吼他几百遍就是听不见，怎么说他才会听？

　　·别人家2岁的女孩都会讲故事了，我家3岁的儿子还只会学猪叫，怎么办？

　　·在家一条龙，在外怕成虫，被人欺负了都不敢还手，要教他打回去吗？

·男孩性格暴躁，一言不合就躺在地上撒泼打滚，要怎么引导他控制情绪？

·我儿子明明很聪明，可上课就是坐不住，连题目都看不懂，怎么办？

·我儿子做作业效率倒是很高，但他特别爱临时抱佛脚，催一下才动一下，监督他做作业真的很头疼。

·别人家的姑娘乖巧、懂事、听话，而我家的男孩呢？不仅精力旺盛、一刻不停地上蹿下跳，还爱哭爱闹情绪不稳定，让老母亲时刻心惊胆战……

别着急，其实我和你一样，经历了养育男孩的鸡飞狗跳，但我终于在带娃的焦虑和迷茫中一步步走了出来。

我是宋宋，一名8岁男孩的母亲。曾经，我在国企工作，想象过千万种未来，唯独没想过回家当全职妈妈。可惜，梦想很美好，现实很残酷，因为体质太差，九个多月怀胎，我基本都在和医院打交道，"儿子是用我的命换来的"

这句话一点都不夸张。孩子出生后，我心甘情愿放下工作回家照顾他，我一度以为能母慈子孝，伴他快乐成长，与此同时，我也相信一定能找到自己的价值。

然而，我被现实"啪啪"打脸。在养育孩子的很长一段时间里，我的儿子就像一个小试验品。我总是后知后觉，只有他出现问题了，我才能吸取教训。这一路上，我和"如何养好男孩"这件事情一直在斗争，我经常战败，偶尔打成平手，得到的是更多抑制不住的焦虑。"我是第一次当妈妈，很多事情请你原谅我"，这句话真的很不对，毕竟，男孩也是第一次当孩子，妈妈做错事情对他的伤害是无限大的。

也正因为如此，我开始大量地学习心理学、育儿经、正面管教、家庭教育，我接连考取了教师资格证、家庭教育管理师、国际鼓励咨询师、青少年心理健康指导师，接触了大量的育儿案例，做了大量的指导咨询。与此同时，我开始写作，把我的疑惑、困扰、成长、方法一一复盘，慢慢地，我成为"凯叔讲故事""亲宝宝""男孩派""十点读书""张德芬心理空间"等公众号的"育儿心理"专栏作者，6年累计撰写了500多篇文章，其中百篇是超过10万阅读量的爆文，并出版了育儿合集《别把撒手不管，当成静待花开》，通过文字我和很多妈妈产生情感共鸣，彼此赋能，我也由此获得初心客厅心理平台颁发的"最佳育儿百科奖"。这些成长滋养着我，让我体会到了轻松养育男孩的快乐！

这本书，是我将这8年自己养育男孩踩过的坑、接触过的大量育儿案例、辅导过的咨询案例，与我多年学习的育儿知识、心理知识融会贯通，提炼出来的拿来就能用的实用方法。我想说：养育男孩之所以会更辛苦，是因为家长并不理解男孩的诸多问题，其实是其特有的"成长密码"，家长放下焦虑和担心，掌握正确的方法，是可以把男孩成长过程中遇到的每一个问题，都变成帮助他健康成长的"机会"的。

经过一路跋涉，我把孩子养育得开朗健康，在育儿育己的过程中，我也学会了悦纳自己，并发展出自己的事业。

我也才真正意识到，为人父母的角色转变，不但意味着有了新的责任，也意味着人生有了新的转机。所谓育儿育己，是我们在前面爱护好自己，有力量为男孩提供爱，然后静待花开，等着男孩长成他自己想要的样子。

本书从"别忧虑男孩太黏人""别担心男孩进步慢""别发愁男孩太闹心""别放纵男孩的习惯""别忽略男孩的性教育""别用错父母陪伴男孩的时间"六个维度解释男孩的独特性。通过"感同身受的案例分析＋简单可实操的理论方法"组合拳，父母能够了解男孩的独一无二，找到适合自家男孩的教育方式，更理解自己的焦虑源头，做更好的自己，和男孩共同快乐成长。

各位家长、同行、专家、朋友，如果有问题需要交流，或者对本书有任何改进和指正建议，欢迎添加我的微信piqiu1005交流互动，发送"读者"，我会邀请您进入本书的读者群，一起育儿育己、共同成长。父母之路艰辛，但我们都是这样跌跌撞撞又满怀惊喜地成长。愿我们都学会，对男孩温柔以待！而我们自己，也真正明媚向阳！

目录

第一章

别忧虑男孩太黏人，那是他"构建安全感"的途径

第二章

别担心男孩进步慢，那是他"积累信心"的节奏

第三章

别发愁男孩太闹心，那是他"和世界联结"的方式

第四章

**别放纵男孩的习惯，那是帮助他
构建"与世界交手"的格局**

第五章

别忽略男孩的性教育，那是教会他"理解尊重"的根源

第六章

别用错父母陪伴男孩的时间，那是协助他 "长成真汉子"的秘诀

第一章

别忧虑男孩太黏人，
那是他"构建安全感"
的途径

一哭就抱会惯坏男孩？
想让他独立，就得把他"抱"进怀里

让男孩独立勇敢的秘诀——把他抱进怀里

3 岁男孩入园天天哭，怎么比女孩还娇气

　　远远妈妈是我公众号的一位读者，她发私信询问我："老师，我儿子远远今年 3 岁，特别娇气，就像内心住着个'公主'似的，动不动就哭哭啼啼，比女孩还爱哭。平时也就算了，现在他上幼儿园天天哭，都一个多星期了，还哭得很厉害，今天幼儿园老师让我先把孩子领回家，说孩子分离焦虑太严重，我真的又难过又无奈，我是全

职妈妈，天天陪着他，他怎么还有分离焦虑呢？分离焦虑到底是什么？"

分离焦虑，是指婴幼儿因与亲人分离而引起的焦虑、不安等负面情绪。换成大白话就是："孩子最需要你的时候，你不在他身边。"那么，为什么全职妈妈一手带大的孩子依旧存在分离焦虑呢？事实上，这也是经常被大家误解的问题：陪伴从来不只是"你在他身边"，而是"你回应了他的需求"。

我追问了远远妈妈的养育细节，原来，她太担心远远不勇敢独立，一直将他往外推，比如，她最不喜欢远远哭，为此定了一个规则："你哭就自己哭，不哭了妈妈再抱你。"远远妈妈觉得既然制定了规则就一定要遵守，所以不管远远哭得多厉害她就是不伸手抱，偏偏远远又是个执拗性子，哭闹得更是厉害，经常一哭两三个小时……一个哭得歇斯底里只为引起妈妈的注意，一个用尽全力要教男孩规则，一番折腾，母子俩都累得筋疲力尽，结果也是"两败俱伤"，远远越来越爱哭，妈妈越来越焦虑。

这就找到了远远分离焦虑的根源——远远最需要妈妈的

时候被妈妈拒绝，这是一种错误的养育方式，我们当然理解远远妈妈的苦心，谁不希望男孩勇敢独立？但这个方法确实不对。专门研究依恋理论的专家辛迪·哈赞与菲利普·谢弗经过研究发现，儿童的依恋系统会随着年龄而有所改变，具体的依恋关系如下：

❶ 想一直待在依恋对象身边（孩子渴望并努力让自己一直待在父母身边）；

❷ 分离焦虑（明显的）；

❸ 安全的避风港（孩子害怕或沮丧时，会向父母寻求安慰）；

❹ 安全的壁垒（孩子把父母当作壁垒，以此为支柱，进而向外展开探索，追求个人成长）。

通过这四种依恋关系，我们可以清楚地看到孩子的依恋成长路径。原则上来说，每个阶段都被满足的孩子，才有能力进入下一个阶段，也才能慢慢离开父母，开始独立，自己去尝试接触外面的世界。

显而易见，远远"渴望待在妈妈身边，被妈妈拥抱"的愿望一直未被满足，这就导致他的分离焦虑比同龄人严重，出现无法正常入园的情况。再加上，男孩的大脑发育比女

孩晚，情感认知也比女孩晚熟，所以这个阶段男孩的分离
焦虑确实也会比女孩更严重。双重缺失下，远远的表现就
是"比女孩还爱哭"，但这其实和性别没关系，和性格也没
关系，我们应该透过现象看本质，看到远远内心的伤，及时
把男孩的安全感补足。那么，怎样在男孩需要的时候回应他？
我给大家分享三个方法。

1 岁前，怎么宠爱男孩都非常应该

　　美国圣母大学研究发现："婴幼儿时期经常得到父母爱
抚、拥抱的孩子，长大后不但不会过度依赖父母，反而会有
更健康的心理状态，更强的社交能力。"

　　关于拥抱男孩，很多家长会有种误解：男孩要穷养，过
度拥抱男孩会把男孩养得太娇气，会宠坏孩子。其实不然。
事实上，心理学论证，0～1岁是孩子形成安全感、懂得爱
的最为核心的关键阶段！不管是男孩还是女孩，0～5月龄
的孩子都是透过自然反射性的微笑、哭闹、吮吸等行为，吸
引照顾者的注意，哭就是小婴儿的求救信号。孩子饿了、困
了、渴了、尿了时，如果得到妈妈一次次及时而温暖的回应，

孩子的信任感和安全感也就建立起来了。

按照婴幼儿的成长节奏，6～12月龄的孩子开始出现分离焦虑，这也是孩子与妈妈之间健康关系的证据，这个阶段在心理学叫作：物体永恒性的培养。物体永恒性是指这个阶段的婴幼儿了解物体是永恒存在的，开始认识到物体是独一无二的，他发现世界上只有一个妈妈，看不见妈妈就会以为妈妈不存在了，从而感到恐惧。

很多小朋友分离焦虑非常严重，无法离开妈妈，很有可能就是在这个阶段没有得到妈妈足够的回应，以及父母没有很好地让孩子缓解分离焦虑。所以，1岁前的孩子，不管是男孩还是女孩，父母不要考虑会不会宠坏，给他足够多的拥抱和爱抚才是根本。

我们再侧重说一下男孩。很多妈妈会发现，和女婴儿相比，男婴儿并不太喜欢妈妈对自己的抚摸，最常见的就是，女婴儿的眼睛会一直关注妈妈的脸庞，但男婴儿的眼睛显然更活跃，他不会在妈妈的脸上停留很久，会更关注妈妈以外的环境。于是，照顾者会认为，这就是"男人更勇敢更不需要情感"的特性，并很自然地误会，女孩更娇弱，更需要照顾；男孩天生更强壮，并不需要那么细致地照顾。

　　这真的是对男孩的误会，事实上，婴儿都是在父母的回应和关爱里确认自己是被爱的，而男婴儿因为大脑发育比女婴儿晚，情感认知不足，更需要父母的细心照顾。

　　男孩和女孩不管从生理到心理，从身体发育到大脑发育，都有非常多的不同，也正是因为这些不同，男孩和女孩的养育方式也完全不一样，关于这一点，我们在第二章男孩是否要推迟一年上学中再给大家具体解释。

1岁后，拥抱的同时倾听男孩的需求

　　哈佛大学的早期教育研究项目表明："你越早开始正确应对始于五个半月孩子的需求性啼哭，越有可能避免宝宝在3岁前成为一个自私而任性的孩子。"

　　专家认为，1岁以后的孩子会为满足自己的安全感和亲近需求，用哭闹等方式影响照顾者的行为。也就是说，大一些的幼儿哭闹或求抱，确实是有目的性的，或许也带着不合理的需求。但父母与其担心"多抱是否会宠坏男孩"，还不如仔细思考男孩"哭闹渴求拥抱背后的需求"。如果男孩的需求是合理的，父母自然应该给予满足。如果男孩是无理取闹，父母更应该给予拥抱，再辅助情绪疏导，引导男孩寻找解决问题的方法。

举个例子，如果远远想买一辆玩具小汽车，但家里已经有很多辆了，妈妈之前说过不可以再买，这种情况下远远哭闹很明显就是为了逼迫妈妈买小汽车。这时候，我们可以不接纳男孩发脾气哭闹的行为，但我们一定要接纳男孩哭闹的心情，我们可以拥抱孩子："妈妈知道你很难受，你可以哭，没关系，妈妈在旁边陪着你，只要你需要，妈妈随时给你帮助。"被妈妈接纳了情感需求的男孩，也就坚定地相信"妈妈是爱我的"这一信念。

我们先帮助男孩把这份"情感需求"解决掉，男孩把"妈妈会离开"的情感恐惧发泄完，这个过程让男孩对分离焦虑有了理解，他也就不会再害怕妈妈"不要我"了。

解决完情绪问题，等远远安静下来，远远妈妈可以再和远远梳理"行为"问题，甚至可以和远远一起制定购买玩具的规则。

妈妈拥抱远远："你想买小汽车是吗？"

远远哭泣但情绪稳定："嗯，我真的很想要。"（被安抚过情绪的孩子，一般都很讲道理）

远远妈妈："我知道你肯定很想要，妈妈也很想给你买，但家里已经有很多一样的小汽车了，你看这样好不好，我们把这辆小汽车当作你六一儿童节的礼物，如果到时候你还喜欢这辆车，我们再来买好不好？"（给孩子制定规则，且通过"延迟满足"的方式教孩子"学会等待"）

远远开心点头，觉得自己的需求被满足。

美国一个学前智能教育研究室，曾对 200 多名 2 岁的孩子进行跟踪测试，结果发现，以三年为期限，有些孩子的智能数据上升得很快，有些孩子却下降了。研究者非常好奇，对数据上升很快和下降很大的孩子，进行了家庭情况回访，他们惊奇地发现：孩子智能发育的快慢，正面性格的养成，主要取决于父母与孩子的交流频率和准确性。另外，他们还发现，经常被父母抱着或背着的孩子，与父母交流的频率和准确性是最高的。

可见，在孩子的心里，"抱 = 回应我的需求 = 你爱我"。这个道理对男孩的影响更大。拥抱本身，和宠坏并无关联，和父母对男孩需求的回应态度有关。如泰戈尔所说："被妈妈亲爱的手臂所拥抱，其甜美远胜过自由。"

妈妈多陪孩子玩"分离焦虑"的游戏

每个孩子都会经历分离焦虑，《伯克毕生发展心理学》中写道：孩子在明确依恋阶段（6～8个月和18个月～2岁），对熟悉养育者的依恋已非常明显，他们会表现出分离焦虑，在他们依赖的成人离开时烦躁不安。

如果父母在这个阶段，没有很好地应对、处理孩子的焦虑，比如，因为怕孩子哭闹，孩子最爱的妈妈偷偷离开去上班，这对孩子的伤害是非常大的，因为这个阶段的孩子正进入"物体永恒性"的心理阶段，在我们看来，妈妈只是出去上个班，一会就回来了，但对孩子来说，"妈妈不在我眼前等于妈妈消失了"。大家设身处地想一想，这对孩子来说，是多可怕的事情，"我最爱的妈妈消失了，不要我了"。

如果孩子在这个阶段没有得到"心理满足"，即便身体不断成长，但内心的恐惧和害怕会越来越深，如果父母没有及时回应和疏导孩子，孩子的分离焦虑就会越来越严重，出现离开父母就爆哭，无法正常上学的情况。

那么，怎样帮孩子顺利度过分离焦虑期，让孩子更好地了解"物体永恒性"？其实有个非常简单的方法——陪孩子

玩游戏。

1. 躲猫猫

妈妈和孩子玩躲猫猫游戏，用手掌遮住自己的脸，再打开。如果父母仔细观察，会发现自己刚把脸遮住的时候，孩子的表情是"惊愕"的，但把手伸开，重新露出脸的时候，孩子就会笑起来。

孩子的表情转变很好地反映出孩子的心理变化：妈妈不见了（惊愕）—— 她消失了 —— 她不要我了 —— 她回来了（兴奋）。因为这个游戏的时间过程很短暂，只有一两秒，所以孩子会很兴奋地笑起来。

妈妈可以根据孩子的年龄，延长玩躲猫猫的时间，比如，从一二秒开始，到三四秒，五六秒，让孩子慢慢意识到，不管怎样，妈妈都在。

2. 捉迷藏

躲猫猫高级版。让孩子在游戏里体验：我找不到别人 —— 别人找不到我 —— 最后都能找到的感觉，让孩子在轻松愉悦的氛围里理解分离。同样，妈妈可以根据孩子的年龄，拉长"被找到"的时间。

3. 寻找替代品

妈妈离开前，可以给孩子寻找一个替代品，比如妈妈的手绢，妈妈送给孩子的玩偶，只要孩子喜欢，什么都可以。

我儿子在 2 岁多的时候，分离焦虑很严重，无法接受我离开，后来我发现一本关于"缓解分离焦虑"的绘本——《魔法亲亲》，这本绘本帮助我解决了难题。

《魔法亲亲》里的小浣熊在上学前非常难过，他不想离开妈妈，想继续留在家里。浣熊妈妈就送了他一个魔法亲亲。浣熊妈妈拉起小浣熊的手，在小浣熊的手掌心亲了一下，小浣熊觉得妈妈的亲亲，从他的手掌心很快地冲上手臂，钻进心里，就连他毛茸茸的黑脸颊，也感受到一种特别的温暖。

浣熊妈妈笑着说："从现在开始，你觉得孤单和需要家的关爱时，只要把手贴在脸颊上，心里想着妈妈爱你，妈妈爱你，这个亲亲就会跳到你的脸上，让你觉得温暖又舒服。"小浣熊好喜欢他的"魔法亲亲"，现在，他知道不管自己去哪里，妈妈的爱都会和他在一起，就算去学校也一样。

绘本里的小浣熊在妈妈的爱里，愉快地去了学校，并开始享受学校生活。而我的儿子，也在我给他的魔法亲亲里，

平稳度过了他的分离焦虑期。其实，所有的替代品，归根结底，体现的都是父母的爱，都是永不磨灭的魔法亲亲，不管是小男孩还是大男孩，他越是感受到魔法亲亲的力量，也就越有了闯荡世界的能量，而父母永远是他背后最坚定的堡垒。

和大家分享一个故事。

我儿子两三岁的时候，是我特别情绪化的阶段，为了训练他"独立"，我很努力地把他"推出去"，遇到事情，总逼迫他自己想办法解决。

那段时间，我儿子特别爱哭，特别胆小，还特别爱黏我，这也就恶性循环导致我更加情绪化，更想把他往外推。

直到发生一件事，才彻底让我学会"把他抱进怀里"，给他安全感的意义。

那次，我儿子在玩滑梯时，突然拉肚子了。臭味慢慢出来，周围的小朋友们全闻到了。我儿子那时候两三岁，已经懂得不好意思了。

我赶紧上前安慰他，对他说没关系，并抱着他往家走。

谁能想，有个七八岁的小孩特别可气，还专门追上来说："哎呀，臭死了，阿姨，他这么大了还拉在裤子上，太臭了。"

我明显感觉到儿子的身体瞬间紧绷。其实我本来也挺生气的，气我儿子这么大了还拉裤子，让我丢脸，但那一下，我突然很心疼儿子，我马上就很大声地回答："不就是拉肚子嘛，有什么大不了的，回家换裤子就好了，我一点都不觉得臭，就算臭我也不嫌弃。"

我这话说完，就明显感觉到儿子的身体放松下来，而且，他更紧地搂住了我的脖子，那时我非常清晰地感受到，就是有种被理解、被接纳、被喜欢，感动又欢喜的感情。

后来我想想，这就是安全感呀——不管我做错什么，我多丢人，我的爸爸妈妈永远站在我这边，爱我、保护我。

从那以后，我再也不逼他"独立"，他有需要我就把他抱进怀里，用"抱"表达"接纳和爱"，也是从那时候开始，他反而越来越开朗、勇敢、独立。

男孩的玩具被抢，要不要帮他抢回来

帮男孩把被抢的玩具"抢"回来，其实是在维护他"我值得"的自尊

2 岁多的男孩不分享玩具被说"小气"怎么办?

优优妈妈遇到一件烦心事，他们小区有个小霸王，特别爱抢别人的玩具，抢到玩具后不是独自霸占，就是随便丢弃，小霸王之所以会这样，是因为有个宠爱他的奶奶撑腰。

每次小霸王看中别人的玩具，都是直接上手抢，这时候，他的奶奶就会在旁边请求对方家长："我孙子这坏

脾气实在没办法，你先让他玩会儿好吗？"大家都是一个小区的，对方也不太好意思拒绝，只能勉强同意。

有一回，小霸王看上优优的皮球，非要抢，优优妈妈邀请他和优优一起玩，他不乐意，吵闹着一定要把球据为己有，他的奶奶在一旁劝阻无效后，再次请求："给我们玩一会儿吧？"优优不愿意，哭着大喊："妈妈，妈妈帮我。"优优妈妈看着心疼，也着实气愤对方没礼貌，于是直接上手帮优优把皮球抢了回来。小霸王开始哭闹，他的奶奶竟然在旁边说："他们是小气鬼，算了，我们不和他们一起玩。"

优优妈妈很生气，明明是他们抢玩具不对在先，却倒打一耙说优优是小气鬼。但是，气归气，优优妈妈也有点为难，像小霸王这么霸道的人，优优不借玩具还情有可原，可若真是别人很有礼貌地想借玩具，如果优优还是不愿意，那不借是真的小气吗？优优是个不懂得分享的自私的孩子吗？而且，有时候，优优也会出现抢别人玩具的情况，又要怎么处理呢？

首先，我要肯定优优妈妈的做法，男孩的玩具被抢，妈妈当然要帮忙"抢"回来，当然，我们的态度坚定，行为可以温柔："这是我的玩具，请还给我。"

其次，我们再来了解"抢玩具"引发的一系列问题。在成人看来，孩子似乎会在两三岁的时候突然出现一些"抢玩具"的"坏"行为，但实际上，这是孩子正在经历物权敏感期，这和幼儿自我意识发展有关。

孩子通常会在 1 ~ 2 岁的时候，开始萌发自我意识，随着他们大动作和精细动作的发展，他们会意识到，自己是一个独立的个体，可以控制自己的行为，于是他们开始不再"听话"；当孩子 2 ~ 3 岁的时候，他们开始区分"你""我""他"，进入了"这是我的"的物权敏感期，这个年龄段的孩子自我意识逐渐形成，会认为"所有的东西都是我的"，所以就会出现"争抢"东西的情况，家长以为他们是没礼貌在争抢，但对孩子来说，他们只是在维护"我的东西"而已。

所以，这个阶段的孩子，如果玩具被抢，父母一定要帮孩子把玩具拿回来，这样孩子才能形成物权概念。如果孩子习惯被抢、被分享东西，这样的孩子长大后容易出现讨好型人格，不敢说"不"、不敢拒绝别人、不敢维护自己的利益。

那么，当孩子进入物权敏感期，父母应该怎样教孩子正确的物权观念，让孩子既能维护好自己的物权、又能养成分享的好习惯呢？我们从以下三个方面分享。

告诉男孩，你的东西，不经过你的允许，谁也不能动

中国人崇尚谦让，这当然是非常好的美德，但具体实操在育儿上就非常伤害孩子。很多家长会觉得，孩子还小不懂事，我是家长，我来做主，既然别人要玩玩具，那我就给他玩，这样才显得我们大方有礼貌，也能教会孩子分享。

但换个角度我们问家长："你能把手机给我玩一下吗？"想来十个家长有九个都会找借口拒绝，剩下一个愿意借手机的家长，大概率是因为他是讨好型性格，即使不情愿，也不好意思拒绝。那么，成人都不愿意做的事情，为什么要勉强孩子？

教育专家尹建莉分享过这样一个故事。有个男孩叫嘟嘟，他有一辆小摩托车，人可以坐在里面开动，嘟嘟非常珍爱这辆车，有一次，邻居带孩子来嘟嘟家里玩，邻居的孩子也很喜欢这辆摩托车，嘟嘟妈妈出于礼貌，直接就把这个孩

19

子抱上了摩托车。

嘟嘟很不高兴，也抢着上摩托车，还拼命把邻居的孩子往下推。两个孩子因为争抢摩托车，哭闹起来。嘟嘟妈妈觉得嘟嘟太没礼貌，便强行把嘟嘟抱开，让邻居家的孩子玩，受了委屈的嘟嘟对着邻居的孩子大喊："我讨厌你，再也不要来我家玩了。"邻居觉得不好意思，也赶紧抱着孩子离开。

最后，两个孩子都哭得很伤心，两位妈妈都很尴尬，闹得不欢而散。嘟嘟妈妈请教尹建莉老师："嘟嘟这么没礼貌，我该怎样教育他不能抢玩具，学会分享呢？"尹建莉老师直接回答："嘟嘟妈妈，是你做错了。那是嘟嘟的摩托车，妈妈没有征求嘟嘟的意见，强行把孩子的玩具分享出去是不对的。"

像嘟嘟妈妈这样出于"礼貌"，自行把嘟嘟的摩托车拿出来分享，其实是给大家做了一个坏示范，首先嘟嘟妈妈的这种行为会伤害孩子的物权概念，有可能造成两个问题：

❶ 孩子会模糊物权归属的边界，觉得别人的东西可以随便拿，是不需要经过别人同意的，孩子变得越来越霸道；

❷ 孩子不懂得维护自我，觉得我的东西天生要给别人，孩子容易形成讨好型人格。

我们当然需要培养男孩学会分享的好习惯，但没有得到过物权尊重的孩子，是不容易学会分享的。就像一个从来没有得到过爱的人，你非要他用温暖的方式去爱别人，他是没办法做到的，因为他没被爱过，所以不懂得怎么爱别人。

美国心理学学会指出，在心理行为上，3 ~ 4 岁的孩子仍然会对分享自己心爱的玩具感到困难，他们也很难主动从别人的立场来考虑问题。这时候，孩子的自我意识已经觉醒，关注点只在"我的"。所以，父母要维护好孩子的物权，尤其是在孩子 2 ~ 3 岁阶段，不强迫分享，不代替分享，明确告诉孩子："这是你的玩具，没有经过你的允许，就算爸爸妈妈也没有权力玩。"

告诉男孩，别人的东西，不经过允许，妈妈也不能动

懂得维护自己玩具的孩子，也就理解为什么"要经过允许才可以玩别人的玩具"。但天性使然，没有多少孩子能在一开始就做到这点。于是，孩子在看到自己喜欢的玩具时，还是会积极地去"抢"，这里除了物权问题以外，又出现一个新问题——社交能力。

育儿专家张思莱说："对孩子来说，不能很好地通过语言表达自己的想法，所以往往喜欢直接采用'抢'或'打'的肢体语言去解决问题。"所以，当孩子出现抢玩具的行为时，父母要注意强调物权规定，但同时也要引导孩子更好地进行社交。

3岁的老虎非常想玩浩浩的小汽车，但浩浩不愿意分享。

那么，作为老虎的父母，首先要和他强调"别人的玩具不经过别人的允许，不可以玩"这条物权规定；当然，父母不能太强硬，可以先共情孩子的难过情绪："妈妈知道你很想玩这个玩具。他没有给你玩，你很难过是吗？妈妈抱抱。"

其次，引导孩子解决问题，这也是社交的重点。我们可以给孩子示范沟通方式，引导男孩思考解决方法："你看这样好不好？我们问问他，能不能一起玩呀？或者，用我们的玩具去交换，换着玩行不行呀？"当然，如果对方还是不愿意分享，我们就需要做好孩子的安抚工作，同时可以借机教育孩子学会"分享"。

比如，老虎带了一个皮球，这一回，浩浩非常想玩，但老虎不愿意分享，这时候，我们依旧可以用"共情—引导"的方式和老虎沟通：

妈妈："你想自己玩是吗？浩浩直接过来拿你的皮球，你不高兴是不是？"（先共情孩子的情绪，尊重孩子的物权）

老虎："对，我很生气。"

妈妈："嗯，这是你的玩具，你可以决定怎么玩，不过，浩浩看起来很想玩，你愿意和他交换吗？浩浩用小汽车交换你的皮球，这样你们就可以玩两个玩具了。"（引导孩子学会社交）

老虎："我不想交换，我想多玩一会儿皮球。"

妈妈："好的，妈妈尊重你的意见，等你准备好了，你会分享的对吗？"（引导孩子理解分享）

老虎："嗯。"

"我想玩浩浩的小汽车，但浩浩不愿意。"

第一步：共情
"他没有给你，让你失望了很难过是吗？"

第二步：强调物权
"这是他的，他可以不给你噢。"

第三步：解决问题
"你可以问他，我的玩具跟你交换可以吗？"

用"共情——引导"方式和孩子沟通

这个过程，我们不但能维护好孩子的物权意识，同时能培养孩子的社交礼仪，当孩子建构起物权归属后，在公平公正的前提下引导其分享，往往事半功倍。

公共的东西需要排队等待，轮流玩耍

除了以上两种物权，我们也必须告诉孩子："公共的东西需要排队等待，轮流玩耍"。这就更考验孩子对物权的理解，以及孩子的社交能力。但就像《正面管教》所说："每一次孩子出现'挑战行为'时，都是教育的大好机会。"

如果两个孩子因为公共玩具发生了争吵，父母可以这样做：

❶ 分离孩子，避免孩子在争抢过程中受伤；

❷ 理解并允许孩子发泄情绪，尤其是愤怒或伤心的情绪（共情）；

❸ 等孩子平静后，强调物权问题，了解争抢原因；

❹ 帮助孩子寻找比"抢"或"哭"更好的解决办法，引导孩子提高社交能力。

当然，我们建议，在确定两位孩子安全的前提下，父母不干预、不参与，让两个孩子自行处理冲突会更好，因为，这也是非常好的锻炼孩子社交的方式。

脑科学家魏坤琳曾讲过这样一个故事，他带女儿去玩小区的滑梯，突然跑来一个男孩，两个孩子都想玩滑梯，魏坤琳在旁边观察，发现两个孩子在你一言我一语中已经商量好一起玩。

这时候，男孩妈妈追了上来，拉住男孩说："姐姐先玩的，你排队等着。"男孩就选择先去玩别的玩具，魏坤琳觉得很可惜，虽然妈妈的教育是对的，但如果把主动权交给孩子自己，孩子就能得到更多锻炼社交的机会。

成长路上，男孩遇到的每一个问题其实都是父母帮助孩子进步的机会，父母要带着共情去理解孩子的心情，引导孩子自己思考出解决方法，男孩也就在尊重的环境里愉快长大。

思考：男孩有一整本奥特曼卡片，亲友家的小孩想要一张，男孩不愿意分享，你会尊重男孩吗？怎样既保护他的物权又引导他社交？

男孩被欺负？
3 个游戏教他不惹事也不怕事

父母要传达"不惹事也不怕事"的态度，更要培养男孩妥善处理问题的能力

男孩经常被幼儿园同学欺负，到底要不要打回去？

小男孩快乐身材比较瘦弱，很容易被人欺负，幼儿园有一个非常壮的小男孩壮壮，脾气很暴躁，偏偏快乐很喜欢和他在一起玩。但小朋友们好的时候很好，坏的时候打起架来也是很凶狠。不到一个学期，快乐已经被壮壮咬了一回，肚子打了一拳，还被狠狠地推过一次。

快乐被欺负，妈妈当然很心疼，但毕竟都是些小伤，两家家长又都是朋友，对方每次也都主动道歉，快乐妈妈也不好说什么。但每回看到快乐被打得哇哇哭，她就会很气："你怎么就不知道打回去呢？"她也教过快乐很多次："我们不可以主动打人，但要是他们打你，你就要打回去。"

每次快乐都说好，但每次还是被欺负。这事让快乐的爸爸非常生气，他嫌弃快乐胆子小，开始天天在家教快乐打拳，他教育快乐："谁欺负你，你就直接打回去。"那之后，快乐还真的"勇敢"了不少，要是再被欺负，也不会再呆呆站着被打，也开始反击，但很快，又出现新问题，快乐有了暴力倾向，一言不合就打人。

这让快乐妈妈心情很矛盾，她和我说："说实话，快乐打人，我心里还有点高兴，觉得我儿子也敢打人还挺勇敢的，真的，以前老看他被别人欺负，我太心疼了，可是我真不知道怎么教他，毕竟，被人欺负不好，可他欺负别人这也不行啊。"

我非常理解快乐妈妈的心情，我们都期待男孩能勇敢坚强，不惹事也不怕事，但真正在教育的时候，如何把握好度

是非常难的。我在网络上看过这样一个视频，一位初中生模样的男孩被人欺负，他爸爸非常生气，对男孩说："他打你一次，你原谅他；他打你二次，你原谅他；他要是打你第三次，你就给我狠狠打回去，不要怕把人打坏，我卖房卖车给你赔。"

评论里很多人叫好，都在夸赞这位爸爸的做法，说他给了孩子很大的底气。问题是，大家考虑过后果吗？首先，如果孩子真的按照爸爸的做法，在第三次才还击，肯定带着很大的愤怒和仇意，如果真的把对方打伤得很严重，我们真的要卖房卖车去解决吗？那对方是不是也会用同样的方式打回来？冤冤相报何时了？

其次，有一个非常容易被父母忽略的问题，我们教孩子"打回去"，语言上的指导和支持，确实能给孩子的心理带来很大力量，但在实操的时候，并没有太多借鉴意义，孩子依旧不知道怎么反击，怎么自保。

事实上，小男孩"打闹"还是小问题，但如果男孩从小没有学会自我保护，进入小学、中学、高中一旦遇到校园霸凌，那后果非常可怕。浙江大学《青少年攻击性行为的社会心理研究》调查显示，49% 的学生承认对其他同学有过暴力行为，87% 的学生曾遭受过其他同学不同程度的暴力行为。

可见，教育男孩不惹事不怕事，非常重要，也非常急迫，但比起爸爸们单纯的"不计后果的打回去"的教育方式，我认为应该抓住以下两个关键点：

❶ 教会孩子自保；

❷ 教会孩子实操。

我给大家分享 3 个游戏，帮助男孩用行动理解"不惹事也不怕事"。

游戏 1：父子模仿"打架"，教育男孩先学会求助

有一次，我和做家庭教育的老师一起去幼儿园调研，突然听到一阵刺耳尖叫，接着听见一个小男生大喊："老师老师！"我们都吓了一跳，幼儿园老师安抚我们："没事没事，是我们班一个孩子，他每次都这样。"

我们赶紧一起过去，大声尖叫的孩子是一个中班小男生，因为被同学抢绘本，他不愿意放手，对方就朝他挥拳，两人就扭打了起来。绘本区在教室一个非常安静的角落，如

果不是他大声尖叫，老师可能要很久才能发现他们在里面打架。

因为"求救"及时，很多同学已经过去围观，有些孩子已经很机灵地去叫老师。我们一到，赶紧把两人分开，马上就有围观的同学绘声绘色地说："他抢他的绘本，两个人就打了起来。"

因为处理及时，两个孩子并没有受伤，一个道歉一个愿意原谅，事情很快解决。事后，我们了解到，那位习惯大声尖叫"求救"的男孩，有一个做警察的爸爸，他的爸爸平时在家经常和儿子玩"求救"的游戏，他告诉孩子：遇到危险，第一件事一定是求救，如果在学校，可以大声呼叫老师帮助，如果在校外，可以大声呼叫警察或者其他成人，来帮助自己。

这件事给了我很大的启发，如果孩子被人欺负，我们可以教孩子打回去，但当下的重点，一定是先教孩子求救自保，避免孩子受到更大的伤害。对幼童来说，最好的方式肯定是大声呼叫，引起人注意，人越多，安全的可能性就越大。

当然，我们只口头教男孩"求救"，他在遇到事情时，未必能执行，凡事都需要刻意练习，所以，父母可以在家经常和孩子玩"打架"的游戏。

游戏目的：教会男孩学会求救。

游戏角色：孩子扮演打人者，父母扮演被打者。

游戏规则：当被打者（父母）被欺负的时候，被打者迅速发出求救声，并保护好自己的头部、眼睛、鼻子、脖子、肚子、下身。

求救声可以是：大声尖叫、呼叫老师、救命声等孩子容易发出的声音。过程中，父母同时强调，不可以打头部等重要部位，告诉男孩要保护好这些部位。等男孩熟悉这个游戏后，父母可以和男孩互换角色，以此锻炼男孩的自我求救能力。

这个游戏非常适合小龄段的男孩，男孩的模仿能力特别强，很快能学会。同时，遇事先"求救"的意识也能内化到男孩内心，当他遇到危险的时候，第一反应也会先求救自保，当然，当男孩长大，他也能找到更多其他的求救方式。

游戏 2：父子模仿"追逃"，教育男孩自保最重要

据调查，大多数被欺负的孩子，都是性格比较孤僻或者身形比较瘦弱的孩子。所以，父母在平时需要注意维护好男

孩的心理和身体。

心理层面的因素比较多，但归根结底，父母的爱和支持是最重要的，一般来说，亲子关系好的家庭，即便是孩子被欺负，父母也能很好地进行协调。而亲子关系不好的家庭，男孩被欺负也不敢和父母说，怕反被父母责骂，这就很容易造成恶性循环，让男孩越来越胆小，越来越容易被欺负。

再说身体，即便身体健壮又灵活的孩子，遇到危险，也可以打不过就跑，但想要跑得又快又好，也是需要锻炼的。所以，父母平时一定要多陪男孩跑步，做各种体育锻炼，提高男孩身体的灵活性，而且，锻炼不但可以强身健体，还能强壮心智。

很多爸爸会觉得，教男孩"逃跑"实在太没面子，事实上，当男孩遇到危险，平安永远比面子重要，如果打不过又无法求助，自然赶紧跑走最靠谱，我们一定要教会孩子，被欺负就求救，打得过就打，打不过就跑，保护自己最重要。

中国公安大学的李玫瑾教授传授过一个小技巧，她的孙女在学校总是被人欺负，她就教孙女一招：双手抓住对方的耳朵，使出吃奶的力气往下一扯，耳朵是人体最容易吃痛的部位，这一招不需要费太大的力气，就可以直接挣脱对方的束缚，马上跑走。女孩都能用的技巧，教男孩学会肯定更容易。

同理，父母也可以经常和男孩玩"追打逃跑"的游戏。

游戏目的：锻炼男孩灵活躲逃的能力。

游戏角色：父母扮演追打者，男孩扮演逃跑者。

游戏地点：森林，公园，小区，楼道等。

游戏规则：追打者束缚／击打逃跑者，逃跑者挣脱束缚并顺利逃跑即可。

天气好的时候，父母可以带着男孩在公园里玩"追逃游戏"，既是很好的亲子游戏，又是很好的体育锻炼，更重要的是，能帮助男孩形成肌肉记忆，遇到危险的时候能发现有利地形，迅速挣脱束缚，逃跑求助。

游戏3：父母多陪男孩"过家家"，引导男孩呼朋唤友

除了提升男孩的心理素质和身体素质，父母也要培养男孩广交朋友和深交好友的能力。有句话叫，朋友多了路好走。爱交朋友的男孩，本身性格就乐观开朗，解决社交冲突的能力也比较强。另外，"朋友圈"会成为男孩的"保护圈"，

不容易让他成为被欺负、霸凌的对象。

我儿子读幼儿园时，有两个非常好的朋友，三个男孩总是"互相保护"：A 的玩具被抢了，另外两个男孩马上就冲上去一起抢回来；B 和别的孩子有了冲突，另外两个男孩马上就上去维护。他们在一起的时候，我们完全不需要担心他们被欺负，只需要注意他们别影响到其他人。

后来，我儿子上了一年级，也有一个非常好的"兄弟"，他在学校遇到一些男孩之间磕磕碰碰的小事，也会先找好朋友帮忙解决，回来再告诉我们。显然，朋友是共同成长的盟友，也是互相保护的战友！

交朋友，是件很快乐的事情。有些男孩天生爱交朋友，而有些男孩相对来说社交能力弱一些。所以，父母可以提前引导男孩"社交"，例如，多玩"过家家"形式的活动，这个活动并不是指小孩玩的过家家游戏，而是一种把朋友聚集在一起的形式。

男孩小的时候，父母可以定下一个活动主题，比如"玩赛车主题""读绘本主题"，邀请男孩的朋友来参加；大一些的男孩，父母可以牵头组织一些体育运动、野餐聚会等；男孩生日这样的好机会，父母更要利用起来，多邀请男孩的同学和朋友到家里玩。父母创造机会多帮着男孩把交友能力培养起来，男孩也就越来越享受社交，越来越爱结交朋友，也就有了自己的"伙伴团"，这将会是男孩很大的支持和助力。

事实上，擅于交朋友的男孩，社交能力都比较突出，他的身上也会具备一些美好品质，例如：语言表达能力强，爱分享，有礼貌，性格开朗等。这些美好的品质并不是天生的，很多是在社交中锻炼出来的。所以，父母多组织"过家家"活动，既可以帮男孩搭建朋友圈，更可以为男孩创造更多锻炼社交的机会。

思考：你家男孩被人欺负过吗？你是怎么处理的？

男孩爱发脾气？
用"看见情绪三法则"，教他学会情绪管理

"男孩爱发脾气是性格不好吗？"
不，那或许是他发出的"求救"信号

7 岁男孩每天放学都要发通脾气，把妈妈气得头疼

睿睿是个 7 岁小男生，上了一年级后，突然形成了一个坏习惯 —— 每天放学都要在大马路上发一通脾气，而且，从不说原因。这不，妈妈刚把睿睿从学校接出来，还没走两步，他就一脸不高兴，大声嚷着："我很烦。"

睿睿时不时就闹这么一出，妈妈也是无可奈何了，

一开始，她还耐着性子讲道理："怎么又烦了，你有什么可烦的，被老师批评了？还是被同学欺负了？说出来，妈妈才能帮你。"但睿睿完全不回应，反而闹得更凶，还带起哭腔。

大马路上人来人往，妈妈觉得丢脸，又气又急，实在没忍住就发了脾气，她把睿睿扯到墙角，由着他闹："这周围都是你的同学，你不怕丢人就哭个够。"被妈妈一凶，睿睿闹得更厉害，还不断拉扯着妈妈的衣服，企图获得妈妈的回应。

妈妈有时候能忍住脾气，不理睬他，有时候实在生气，也会控制不住在马路上责骂睿睿，总之，每到这个时候，母子俩就会陷入僵局。睿睿每次闹腾，几乎都要半个小时以上，等睿睿自己发完脾气，才跟妈妈回家。

这事让妈妈非常头疼，她既气睿睿无理取闹，又怕睿睿从此养成这个坏习惯，长大可怎么得了？为此，妈妈想了很多办法，比如，接睿睿放学的时候，专门给他带些他爱吃的零食，偶尔睿睿会很高兴，但更多时候，也不知道是什么原因，似乎一言不合，睿睿就会发脾气。

其实，睿睿的这种行为在很多家庭都有，不让买玩具就在超市撒泼打滚、不让看电视玩游戏就大哭大闹、一到做作业时间就开始发脾气……而且，我们会发现，虽然男孩女孩都容易出现这些问题，但男孩发脾气，时间之长，反抗之大，安慰之难执行，足以让很多父母写一部"养男娃血泪史"。

虽然父母都非常爱孩子，但家有爱发脾气的男孩，真的让人承受不起。所以，大多数父母，遇到孩子哭闹，就只希望他能马上安静下来。遗憾的是，父母越说停止哭闹，男孩哭得越厉害。事实上，如何尽快让男孩平复心情是有方法的。但有一点容易被父母忽略，男孩爱发脾气，其实也是在向父母传递"求救"信号——"爸爸妈妈，我遇到难事了，不知道怎么处理问题，也不知道怎么处理情绪"。

那么，怎样才能接收到男孩的求救信号？怎样让发脾气的男孩尽快平复？怎样帮助男孩解决问题，学会情绪管理？下面，我给大家分享一个"看见情绪三法则"。

第一个法则：先接纳男孩的情绪，而不是阻止

很多父母会发现，就发脾气这件事，男孩和女孩的表现很不同，大部分女孩的表现形式都比较温柔，能清晰地表达情绪，在轻声细语里把问题解决；男孩发脾气大概就是"电闪雷鸣，风雨大作"。

其实，这和大脑构造有关。大脑中负责掌管认知功能的额叶皮层与情绪反应密切相关的边缘系统，是决定理解和感受别人情绪的脑区。据研究，男孩的大脑额叶天生不如女孩活跃，发育也比女孩更缓慢，这就导致男孩的自我控制能力没有女孩强，对外界事物的反应也比女孩激烈，更容易冲动。

所以，男孩遇到"丁点小事"也容易发脾气。遗憾的是，许多父母并不理解男孩的"无奈"，往往希望通过讲道理的方式让男孩安静下来，但这种时候，男孩是听不进任何道理的。于是，父母越阻止，越适得其反，让冲动的男孩闹得更厉害。

相反，父母接纳孩子的情绪，反而更有利于孩子的心理健康。

W.托马斯·博伊斯博士在《兰花与蒲公英》一书中谈道，1989 年加州发生大地震时，他收集资料研究地震对儿童免

疫系统的影响。他请经历过地震的孩子"画地震"。有些孩子画出那场灾难中快乐的画面；有些孩子则画出地震中可怕的画面，图画展现出较多的悲痛。

博伊斯博士认为，人类通过讲故事、创造艺术来表达自我的方式，是一种勇于面对恐惧的方法，因为我们对那些可怕的事物表达的感受越多，渐渐地它们就变得没那么可怕了。表达悲伤虽然痛苦，但我们每次把悲伤表达出来后，悲伤或多或少都会减少一些。

同理，男孩发脾气时，父母就算再生气，也别急着喊"停"，先接纳孩子的情绪，让孩子的情绪流动起来，才能排除那些不利于孩子身心发展的情绪。

! 不着急喊"停"

孩子哭泣时，父母要接纳孩子的情绪

知道接纳很重要是一回事，能不能做到又是另外一回事。看到撒泼打滚的男孩，父母确实很难做到平静接纳。关于这点，中国公安大学的李玫瑾教授是这样建议的：把发脾气的孩子单独带到安静的房间，爸爸或者妈妈在边上陪伴，注意不打不骂，不阻止也不讲道理，等待孩子把脾气发泄出来，等孩子完全安静下来，再拧个热毛巾，给哭得满脸泪的孩子擦把脸，这时候，再来聊聊为什么发脾气。

心理学家武志红老师曾说："生命力只有一种，被看见就会变成好的生命力，比如热情、创造力、爱；而不被看见时就变成了黑色的生命力，比如恨、攻击、愤怒和破坏。"

陪在孩子身边，允许他把脾气发泄出去，这样做表达的就是：爸爸妈妈爱你，愿意陪在你身边等你好起来，我们看见并愿意接纳你的感受。

等孩子安静下来，父母该做的就是"看见情绪法则"中的第二点——回应。

第二个法则：去回应男孩的情绪，而不是转移

很多父母，遇到男孩发脾气，会用"转移"的方法来回

应，比如让男孩看电视，吃零食等，只希望他们能马上停止发脾气。

就像前文睿睿说"烦"，无计可施的妈妈用零食转移他的注意力，但妈妈发现，这个办法有时候有用，有时候没用。那是因为，睿睿遇到的"问题"可能时大时小，有些能自己消化的小问题，在遇到零食的时候他就"暂时"忘记了，有些不能消化的大问题，怎样都无法被转移。

事实上，人的情绪是无法转移的，即便看起来好像"转移"了，但没被看见、接纳、回应的情绪会积压在心里，最终产生可怕的后果。

《真希望我父母读过这本书》里讲过一个故事。安妮丝与约翰深爱着 10 岁的儿子卢卡斯，夫妻俩的工作非常忙，工作日都是请人照顾卢卡斯，但周末一家三口都会在一起，卢卡斯看起来也很快乐。但是，有一天卢卡斯却试图从六楼的窗户跳下去，幸好被临时回家的约翰看见，才避免了这场悲剧。

为什么会这样呢？卢卡斯在治疗师的帮助下说出了心里话："我每次说我不开心的时候，爸爸总说，'别难过，我周六带你去动物园'或者'爸爸会买个新的游戏机给你'之类的话，他从来不关心我为什么不开心，没人聆听我的感受，爸爸妈妈不爱我，我内心很孤单。"

后来，在治疗师的帮助下，约翰和安妮丝开始改变，当卢卡斯说他感到难过时，他们不再用玩具或其他条件转移卢卡斯的情绪，他们开始试着问卢卡斯那是什么感觉，他是否知道原因。当父母那样做时，卢卡斯觉得自己被接纳了，有人倾听，而不是被推开，就这样简单的改变，卢卡斯慢慢好了起来。

当然，卢卡斯的案例很特殊，但转移孩子的情绪，危害真的很大。临床心理学家乔尼丝·韦布做过研究：如果父母没能给予孩子足够的情感回应，不关注孩子的真实想法，这种童年情感忽视，会造成孩子低自尊与自卑，没有归属感，没有安全感，甚至陷入抑郁。

所以，当男孩发脾气，父母一定要及时回应。需要注意的是，要先回应感受，再回应事情。

心理治疗师菲利帕·佩里说过："你应该坚持安抚的理念，去感受孩子的情绪，而不是急着去处理。如果你认真对待孩子的感受，并在孩子需要时给予抚慰，他们将逐渐学会内化那种抚慰，以后就能够自我化解。"

1. 先回应感受

蹲下来：让男孩感受到被尊重。

直视眼睛：让男孩感受到被重视。

看见他的情绪并反映出来："我看见你很生气，你一定很难受。"

当父母这样做时，男孩反而会很惊喜，他们或许会放弃撕心裂肺的哭闹，转而发出终于被理解的抽泣声，表达能力好的男孩甚至会主动说出发脾气的原因。

2. 再回应事情

当男孩的心情平静下来后，父母可以在这个时候询问孩子发脾气的原因："我们聊一聊，是什么事情让你这么难受，我很乐意帮助你。"

以睿睿为例，在心理咨询师的帮助下，我们发现，原来他之所以总在放学后"无理取闹"，是因为刚上一年级的他，不适应小学生的生活，他不习惯"45 分钟上课 +10 分钟休息"的时间安排，经常会因为迟进教室被老师批评；有时候，他很积极举手回答问题，但老师不叫他回答问题……这些难过失落的情绪积攒在心里，让他非常难受，但他又不知道如何表达这种情绪，就只能在放学后，在最亲近的妈妈面前，发脾气说自己"烦"。可妈妈不理解他，还批评指责他，这让他更难受了，就愈发"无理取闹"起来。

有意思的是，被心理咨询师理解和接纳了情绪的睿睿，在冷静下来后，甚至可以自己解决问题，"我现在知道了，一年级和幼儿园不一样，课间休息的时候我不跑太远，这样，铃声一响，我就能马上回教室了"。

显然，情绪被理解和接纳后，男孩会生出"自我化解"的能力。不过，每个男孩自我化解能力的水平不同，当男孩表达自己无法解决问题时，父母也应该具体问题具体分析，帮助男孩寻找解决问题的方法。一起解决问题也是促进亲子关系的润滑剂。

第三个法则：去疏导男孩的情绪，而不是忽略

很多父母，在解决完男孩当下的情绪后，会认为事情已经结束，实际上，更重要的教育机会恰恰是在男孩发脾气之后。

所以，父母在男孩有情绪时，要做的很重要的事情是引导男孩懂得与情绪和谐相处。

首先，教会男孩认识"情绪"。

父母可以通过读绘本、做游戏的方式，帮助孩子认识并理解情绪，重点是让孩子知道，伤心、难过、愤怒等负面情绪，和开心、快乐、幸福等正面情绪，其实都是一样的，情绪没有对错与好坏之分，没有必要压制负面情绪。

《我的情绪小怪兽》和《菲菲生气了》这些绘本都荣获过国际大奖，图文并茂地介绍了多种情绪以及处理情绪的方法，既适合幼龄孩子阅读，对大龄孩子，甚至对成人也一样有治愈作用。

值得注意的是，6岁以下的男孩发脾气，更多是因为他不知道如何处理情绪，通过阅读经典绘本进行情绪管理，可以达到事半功倍的效果；但6岁以上的男孩发脾气，可能更多是受父母影响，有样学样模仿父母处理情绪的方式，这时候就需要父母花更多的时间精力，来纠正男孩情绪失控的问题，当然，这也是很好的育儿育己成长机会。

其次，引导男孩找到适合自己的"情绪管理方式"。

当男孩陷入"困难情绪"，如果没人引导，他很难自己学会处理情绪的方法，所以，引导男孩找到适合自己的情绪管理方式很重要。管理情绪，可以分为觉察情绪和处理情绪。

1. 觉察情绪

教男孩觉察自己的情绪，是"生气""难受""失落""快乐""兴奋"，还是其他情绪。重点要让男孩理解，不管有什么情绪都是正常的，就像晴天和阴天一样，我们都要好好与之相处。

2. 处理情绪

教会男孩找到适合自己的处理情绪的方式，比如，爱运动的男孩可以通过跑步或喜欢的运动方式发泄情绪；爱画画的男孩可以通过绘画或写字的方式发泄情绪；爱表达的男孩可以通过诉说的方式来发泄情绪；同样，"自己安静待一会""睡一觉""哭一哭"等方式也能帮我们疏导情绪。

国际知名男孩教育专家迈克尔·古里安讲过这样一个故事，一位父亲专门在地下室放置了沙袋，并且告诉儿子："这是你的地盘了，当你需要独处的时候，可以来这里待一会，当你需要发泄的时候，也可以来打打沙袋。"

更棒的是，这位父亲还嘱咐儿子："虽然你可以击打沙袋，可以一个人待着，但并不意味着你可以毫无顾忌地攻击其他人或其他物体。"这位父亲很好地引导了儿子如何处理情绪，"当你感觉情绪快要击垮你的时候，把它们带到这里

来，然后留在这儿，这样当你回到人群中时，你就能够带着合适的情绪去面对他人，因为你的感受在这里得到了净化。"

人际关系大师约翰·戈特曼说：对情绪的感知能力和掌控能力，甚至比智商更重要。父母再遇到男孩发脾气，请先放下焦虑，转变心态，把它当作机会，趁机引导男孩习得"情绪管理"的能力。

男孩完不成作业发脾气怎么办？

烁烁做作业很慢，而且经常做到一半就开始发脾气，要是父母批评他做错了，他更会一边哭一边大喊大叫，情绪激动的时候，还会扔课本和作业本。这种情况，父母如何用"看见情绪三法则"来引导孩子呢？

思考：你"看见"烁烁有怎样的情绪？
烁烁的感受是什么？你怎么回应？
怎样让烁烁找到更好的情绪处理方式？

第二章

别担心男孩进步慢，那是他"积累信心"的节奏

男孩说话晚？3个方法让他从"小哑巴"成长为"小演讲家"

男孩确实比女孩说话晚，但掌握方法，男孩一样能伶牙俐齿，妙语连珠

3岁多的男孩还不会说话，是"贵人语迟"吗？

　　我们小区有个男孩，3岁多，不怎么会说话，只能偶尔蹦出简单几个字，像"不""好""车车"，发音也不标准，叫"奶奶"听起来像"来来"。我们小区还有个刚满2岁的小姑娘，就很会说话，虽然有些字发音不清楚，但她就是个小话痨，但凡开口，就说个不停，总能把周围的

大人逗乐。这时候，小男孩的妈妈就会非常难过，也非常焦虑，她说自己也带孩子看过医生，但没什么用。大家都安慰她，"贵人语迟，孩子肯定是个有福气的"。

我们当然理解妈妈的焦虑，但是，男孩说话晚真和贵人语迟没关系。

孩子的语言发展是有规律的，到了什么年龄就发展出什么样的语言能力。《美国儿科学会育儿百科》书中有明确的标准。

儿童语言发展规律标准

各年龄段	儿童语言发展规律标准
8 ~ 12 个月	1. 对简单的语言命令有反应 2. 对 "不" 有反应 3. 能用简单的动作，比如摇头来表示 "不" 4. 说 "爸爸" 和 "妈妈" 儿语有音调变化 5. 运用感叹语，比如 "噢" 6. 试着模仿词语

续表

年龄段	儿童语言发展规律标准
2 岁以下	1. 你说名字，他会用手指出相应的物体或图片 2. 会说熟悉的人、物体和身体部分的名称 3. 可以说一些单个的字词（15 ~ 18 个月） 4. 会使用简单的词组（18 个月 ~ 2 岁） 5. 会说 2 ~ 4 个词的句子 6. 听懂简单的命令 7. 重复对话中听到的词
2 岁	1. 理解包含 2 ~ 3 个要求的指令，比如"回房间去，把小狗玩偶拿来" 2. 几乎认识并且可以识别出所有常见物体和图片 3. 能理解大部分语句 4. 能用 4 ~ 5 个词语组句 5. 能说出自己的名字，年龄和性别 6. 不熟悉的人也能听懂他说的大部分话

53

续表

年龄段	儿童语言发展规律标准
3 岁	1. 理解 "一样" 和 "不一样" 的概念 2. 掌握一些基本的语法规则 3. 能讲出最长 5 ~ 6 个词的句子 4. 语言表达比较清楚，陌生人也可以听懂 5. 会讲故事
4 ~ 5 岁	1. 能记住故事的部分内容 2. 会说 5 个以上词组成的句子 3. 会运用将来时态（英语国家的儿童） 4. 会讲更长的故事 5. 能说出自己的名字和地址

大家对照上述标准一对比，就知道自家的孩子，语言水平是高还是低，如果低太多，排除医学上的问题，原则上，是因为以下两点。

1. 男孩比女孩说话晚

这是有科学依据的，女孩的大脑结构中，有两个区专门负责语言，这两个区的面积比男孩大脑中负责语言的区大

54

20% ~ 30%，所以，在同龄语言标准里，男孩确实会比女孩的语言能力低。

但是，这种天生存在的语言差异并没有那么大。根据研究人员厄兹萨尔斯卡和苏珊·梅多德的研究，男孩比女孩说出第一个单词和句子的时间要晚，然而，这些差异平均只在3个月左右。也就是说，语言发展标准之下，女孩的口头表达能力确实比较突出，男孩则会晚于女孩，但并不会落后很多，只是相对延迟。

2. 语言学习环境的差异

想要有输出，必须先有输入，孩子学说话也一样。一般来说，如果孩子从小由多位养育人照顾，比如，爸爸妈妈、爷爷奶奶，那么他的口头表达能力会比较好，因为他能接收比较多的语言渠道。而很少给孩子"说话"机会的家庭，比如养育人太过宠爱，在孩子开口前，家人就心领神会地帮孩子完成，久而久之，孩子自然就懒得开口，慢慢就"沉默寡言"了。

还有一个值得注意的问题是，很多老人喜欢和孩子说儿语，比如"吃饭饭""洗澡澡"，科学研究证明，如果孩子长期处于仅接触儿语的环境，对孩子的语言发展会非常不利。

前文中 3 岁只能说几个词语的男孩，语言发展落后了很多，排除生理原因，也和其家庭教育有关。而前文中 2 岁就很会说话的女孩，显而易见是符合语言发展水平的，我们大概率也能推断出她生活在一个语言环境非常丰富的家庭。

那么，怎样创造丰富的语言环境，把男孩培养得能说会道呢？我们从以下三个方面来分享。

选择男孩易接收的语言方式，丰富语言环境

为男孩提供丰富的语言环境，并不是单纯的多说话，很多父母会疑惑：我们也经常说话呀，一天到晚家里声音没停的，为什么孩子还是不爱说话？其实，语言环境丰富不但要说"多"，还要说"对"。

《伯克毕生发展心理学》中提到"指向儿童的语言"，特点是：句子简短，发音清晰，音调高亢，语气夸张，句子之间有明显停顿，不断重复新单词。研究证明，这是最容易让婴幼儿接收的语言学习方式，如果父母在沟通时做到这几点，尤其是不断重复新单词，是能很好地帮助男孩吸收语言的。

比如，妈妈带男孩去踢足球，对孩子说："来踢球球，用脚脚踢。"这就是非常不利于孩子学习语言的儿语表达，一是用了儿语，二是词汇量少。我们可以转换成"指向儿童的语言"，比如："宝贝，看，足球，足球是圆的，这是个蓝色的足球，你摸一摸，足球是圆的，你推一推，足球是这样滚来滚去的，来，用脚踢足球，看，足球滚到那边去了。"这样的"说话"，最大量地丰富了男孩的语言环境，而且同时向男孩传达了颜色、形状、动作，刺激男孩的大脑发育。

对幼儿来说，最有效的语言启蒙方法，就是我们把孩子当下正在经历的事情的整个过程，用生动形象的描绘性语言，具体给他们讲述出来。"说多说对"，是最利于男孩语言发展的语言环境。

多为男孩读经典绘本，最大化的扩大其词汇量

很多父母会觉得难，"没想到和儿子说个话都这么费劲"。其实，当父母意识到"说多说对"对男孩很重要时，就会习惯性地调整自己的日常沟通方式，并不会太难。当然，如果父母觉得日常这样说话很辛苦，可以通过亲子阅读的方

式来扩大男孩的词汇量。2015 年，有科学家做了实验，找到了读绘本与语言发展相关的直接证据，结果证明，在家阅读多的孩子，听故事时更有可能激活支持语义处理的特定脑区。这些脑区对口语表达至关重要。

我儿子的语言能力，一直处于同龄人前列，他的语速很快，发音标准，逻辑清晰，词汇量也很丰富。实际上，我儿子的语言环境是相对单一的，他爸爸非常忙，他能接触到的主要语言渠道只有我。他的语言能力突出，得益于亲子阅读。

儿子 3 个多月时，我就开始给他讲《黑白卡》，8 个多月时，我给他讲"撕不烂的布书"，之后是讲各种经典绘本。他一两岁的时候，就养成了非常好的阅读习惯，白天他独处时会自己主动翻书，晚上他会主动要求我给他讲一两个小时的绘本。从单纯翻书 — 看图片 — 听故事 — 对应认故事，他就在我的"讲故事"里习得了语言能力，掌握了大量词汇，潜移默化认识了很多字，他 7 岁时已经可以独立阅读《小狗钱钱》这本书了。

为什么孩子通过阅读绘本能掌握大量词汇？这是因为绘本里的语言是专门为孩子设计的，不但朗朗上口，简洁温暖，更符合"指向儿童的语言"特点，所以孩子吸收起来特别快。除此之外，绘本的画面非常有艺术感，每一类绘本也都有其专门的教育意义，比如性教育、生活习惯、情绪管理，等等。所以，亲子阅读不但可以让孩子更多地练习语言，还能学习艺术、获取知识，实在是一举多得。

当然，亲子阅读不能光讲，父母要重视提问环节：书里的主人公遇到什么好玩的事情了？一共交到几个好朋友？小猫出现在第几页呀？通过提问，父母可以检查男孩对故事的理解，训练男孩的记忆力，针对大一点的男孩，父母还可以要求他把故事复述一遍，这其实是很好地锻炼逻辑思维的过程，也是更快促进男孩的语言能力发展的过程。语言发育对孩子来说，并不只是语言表达，背后反映的还有思维能力和学习能力。

当男孩掌握正确发音，习得大量词汇，再加上有逻辑思维，自然越来越能说会道。要注意的是，语言学习的敏感期在 2 岁前，父母一定要在这个时间段为男孩创造大量而丰富的语言环境。儿科专家古蒂·辛格博士，请世界各大名校的心理学家和 200 多个婴幼儿，进行了一系列科学实验，并拍成纪录片《北鼻异想世界》。该纪录片显示，孩子在一岁半到两岁，会经历一个语言的爆发期，它在某种

程度上，影响了孩子今后的语言能力。也是从这个时候开始，词汇量大的孩子和词汇量小的孩子，出现了剧烈的分化。

耐心引导男孩表达，互动是语言发展的关键

学习语言，环境是前提，互动是根本。科学家曾做过一个"婴幼儿接触电视会影响其语言发展"的实验，据测算，电视每开 1 个小时，孩子从家人那里接收到的单词就会减少 770 个。为什么大量声音输入，反而会减少孩子接收单词的数量呢？原因就是缺少互动。

美国一项研究表示，婴幼儿大脑在前两年发育非常快，与此同时，它也需要外部刺激并做出反应。在所有外部刺激中，与他人说话，也就是互动，最为重要，而电视是单向输入的，没有输出，没有互动，并且会分散大人和孩子的注意力，孩子的大脑受外部语言刺激大大减少，导致孩子的语言发育迟缓。

有些父母会疑惑，幼小的孩子连话都不会说，怎么互动？这恰恰是语言启蒙中最关键的部分，语言互动并不只是让孩子牙牙学语，更重要的是，说话背后思想的交流、情感的传

递，以及父母耐心地引导、等待孩子用语言表达出他的需求，这才是最重要的。

育儿专家张思莱的外孙，1岁4个月就会说简短句子，语言能力超出常规，达到了两三岁孩子的水平。为何如此厉害？张老师解释，除了说多说对、为孩子多读绘本之外，她认为特别重要的一点，在于对孩子的耐心引导。她要求全家人，当孩子能够理解语言并能说一两个单字时，就鼓励孩子用语言来表达自己的需求，耐心等待孩子用学会的单词来回答问题，不嘲笑孩子，给孩子充裕的时间，鼓励孩子慢慢说出来。

说多说对，多讲绘本，多互动，都是非常好的实操的方法，但真执行起来，需要父母极大的耐心和爱意，这也正是父母对于孩子的意义。就算男孩说话晚，我们依旧可以教会他向世界发表演讲的语言技能。

思考：你给男孩读绘本时是如何提问的呢？

上课坐不住，考试看不懂？快带男孩多玩"游戏"，让他德智体美劳全面进步

不要责备男孩不努力，有时候，他真不是故意的，请父母等一等他

一年级的男生和女生，差别怎么会那么大？

　　喵喵妈妈非常郁闷，她儿子喵喵从小有个好朋友，是一个叫天天的小姑娘，两人同岁，都上一年级，在同一个学校不同的班级，两个家庭对孩子教育的投入和用心都差不多，但效果"天差地别"。

　　天天成为老师最喜欢的学生，一进校就当了小班长，

作业不但做得对，字也写得特别漂亮，而且特别听话，说好了回家先写作业再出去玩，她就乖乖地遵守，每天都是把作业做好、书包收拾好再出去玩，父母基本不用操心。

喵喵就"厉害"了，知道的人是知道他去上学，不知道的人简直以为他去挖矿。每天回家都是一身脏兮兮的，裤子经常磨出好几个洞，问他在学校干了什么，他一问三不知。老师反馈，喵喵的课堂纪律实在太差，老师在上面上课他在下面讲话，不是走神就是切橡皮。总之，喵喵是让老师和父母都非常头疼的熊孩子。

做作业这件事，就更麻烦了，喵喵的课堂练习经常做不完，家庭作业更是经常做到半夜。为了让自己心里好受点，喵喵妈妈已经把标准放到了最低——可以不会做题，但态度必须端正。她认为，儿子主要是太调皮，学习态度不好，聪明还是聪明的，就是坐不住。错题的原因，要么是漏题没看见，要不然就是字写得歪七竖八，让人辨认不出。

她问我："老师，都说男孩比女孩成熟晚，喵喵就是这种情况吧。其实，我觉得男孩调皮可以理解，就是粗心这件事，我想问问老师怎么解决？"

这里涉及两个问题，我们先回答"男孩是不是比女孩晚熟"，从大脑发育的角度来说，是的。

1. 男孩的注意力天生比女孩弱

孩子注意力差主要和大脑发育有关，大脑中负责注意力的是额叶区，它管的事情非常多，包括执行控制和冲动抑制。但男孩的这一大脑区域发展得比较迟缓，有些要到 20 岁以后才能完全发育成熟，所以很多谈恋爱的女孩抱怨自己的男友不成熟，也是有科学依据的。

男孩和女孩相比，专注力会更弱，科学研究，从婴儿期开始，男孩关注物体的时间就比女孩短一些。比如，女婴儿很喜欢注视妈妈的脸，会牙牙学语积极回应妈妈的爱抚，但男婴儿很快就会把视线从妈妈的脸上转开，去关注其他的物体。所以，男孩确实"天生"坐不住，容易在课堂上分心走神。但是要注意的是，"大脑发育"只是男孩分心的部分原因，如果父母能多引导，帮助男孩进行刻意训练，很多男孩的注意力也是很不错的。

2. 男孩的阅读能力比女孩差

《男孩的思维方式大不同》一书中提到：男孩遇到的阅读困难比女孩多三倍。学龄前男孩的言语发展会落后女孩大约一年时间，但男孩在数学测试中的平均成绩比女孩好，而大脑是造成这些差异的关键。正是因为男孩和女孩大脑发育的差异，所以进入一年级时，女孩的适应能力普遍比男孩好。

男孩比女孩晚熟，知道这个前提后，我们再来看男孩粗心的问题。父母觉得孩子粗心，可能是基于以下几个标准：字写得太慢、太差甚至左右颠倒；做试卷漏看题；心里知道正确答案，手写下去的却是错误选项……

其实，"粗心"只是男孩的表面问题，追其根源，是以下问题：注意力差，专注力不行，导致坐不住，课堂纪律差，容易分心；阅读力差，所以经常漏读、漏题，看不懂题目意思；专注力差的情况下，没有掌握写字技巧，导致写字慢，又"龙飞凤舞"。

当然，我们不是用大脑发育慢给男孩的"落后"找理由，而是当男孩遇到学习困难时，我们不能只看见"粗心"这一表面问题，而是要找到根本原因对症下药。如何让男孩更快适应学习，分享给大家以下三个方法。

坐不住？多玩"专注力游戏"提升男孩注意力

很多妈妈习惯守着男孩做作业，因为男孩容易走神，明明作业就在眼前，但他不是被台灯吸引，就是被橡皮吸引，有时还会用牙齿咬文具。即便家长看着，男孩也未必能全神贯注做作业。

刚进入一年级的男孩，父母可以提供帮助，提前告诉男孩，"爸爸妈妈也有工作，如果你有需要的话，可以提前和我们说，我们安排时间帮助你"。父母可以在孩子旁边一起看书学习，有需要的时候适当提醒"走神"的男孩，但原则上不建议全程守着男孩做作业。我们更建议，把"看着男孩"的时间用来和男孩一起玩专注力类的游戏。

虽然男孩因为大脑前额叶发育缓慢，注意力偏弱，但实验证明，如果想要男孩在某件事情上集中注意力，一个很有效的办法是把目标活动与运动的物体结合起来，让男孩在"移动和跳跃"中集中注意力。带着这个原则，我们会发现，这就是专注力游戏的设置标准。

l. 舒尔特方格游戏

"舒尔特方格"是提升注意力的有效方法，玩起来也非常简单。舒尔特方格是由一个个小方格组成的大正方形，方格数量有 9 格、16 格、25 格之分，格子内可以任意排列连续的数字。大家可以购买道具，也可以自己在纸上画。

11	18	24	12	5
23	4	8	22	16
17	6	13	3	9
10	15	25	7	1
21	2	19	14	20

舒尔特方格游戏

游戏时，让男孩用手指按数字顺序依次指出位置，并大声朗读，父母在一边记录时间，孩子数完数字所用的时间越短，注意力水平就越高。注意力差的男孩，可以从最简单

的 9 格开始，等男孩逐渐有了成就感，再慢慢增加到 16 格、25 格甚至 36 格、49 格等更多格子。注意，父母一定要和男孩一起玩，让男孩在快乐游戏、竞争比赛的胜负欲里潜移默化锻炼注意力。

2. 数字消消乐游戏

像下图一样，把很多数字乱码组合，比如，给出一段数字让孩子圈出数字"2"，用时越快，注意力就越高。而且这个游戏可以重复玩，消完"2"以后，我们可以继续消"3"，这个游戏可以非常好地解决男孩看试卷"漏题"，读课文"漏字"的问题。

```
1 3 8 8 7 6 5 6 6 3 8 5 9 2 7 1 6 9 0 4 8 7 3
6 2 8 5 9 2 0 8 5 2 8 1 2 3 4 3 2 3 6 8 6 7 9
0 1 2 0 0 0 5 6 7 8 2 3 9 8 0 1 3 2 2 5 6 7 7
8 9 9 0 0 8 7 6 9 8 8 6 6 6 5 5 3 4 2 1 2 1 2
1 2 0 9 8 6 2 9 7 5 5 1 5 2 6 4 9 1 2 0 7 6 2
3 1 4 0 8 9 2 3 9 0 6 2 0 7 5 2 8 0 7 1 2
```

数字消消乐游戏

当然，除了数字，也可以玩"字母消消乐""图形消消乐"，父母还可以和男孩一起比赛，一人一张乱码，看谁消得又快又好。

3. 连线成图形游戏

按照数字逻辑，完成连线，连线后会出现特定的图形。细心的父母会知道，一年级的数学作业经常有这类题目，这是很好的训练孩子专注力的游戏。

4. 复述句子游戏

这个游戏非常简单，父母读出一个句子，让男孩跟着复述一遍即可，可以从短到长，从易到难，内容选择也很多，可以复述课文或手机号码，非常随意。"复述"并不是件容易的事，需要男孩集中注意力听，再集中注意力说，非常考验注意力。这个游戏也可以互换角色玩，让男孩读句子，父母复述，并让男孩检查是否复述正确。

和"守着做作业"，对男孩耳提面命"不要走神"相比，父母和男孩玩游戏，显然操作难度更低，能极好地缓解紧张的亲子关系。一般来说，坚持十天，父母就可以在"男孩作业"上看到男孩的进步。另外，除了玩游戏，父母在购买玩具时，也可以参考游戏标准，为男孩购买锻炼注意力的玩具，比如

走迷宫、拼图等玩具。

看不懂？多玩"识字理解游戏"，提升男孩阅读力

男孩阅读力差，主要原因有两个，一是识字量不多，二是理解力不强，字都认识，但组合在一起就不理解意思。出现这类问题的男孩，父母需要多上心和男孩玩"识字理解"游戏，否则等三年级增加"阅读理解"和"小作文"之后，男孩的压力会更大。

1. 小猫钓鱼游戏

很多孩子都有"钓鱼"玩具，一个鱼钩，上面有磁铁，可以吸起很多不同的鱼，这个玩具可以很好地锻炼孩子的手部力量和精细动作。如果父母能二次利用，在鱼钩和小鱼上贴上"字"，就可以很好地把"枯燥的识字"变成"有趣的游戏"，大大增加男孩的兴趣。

比如，男孩这周要记住：秋、金、校、阳、因等生字，并要有给这些生字组词的能力，我们就可以把"秋"字贴在鱼钩上，在鱼身上分别贴上天、风、雨和其他一些字，让男孩通过钓鱼的方式组词。这样一举多得，既让男孩练习了手部力量，又让男孩认识字，并学会组词。重点是，因为是好玩的游戏，父母完全不需要催促，男孩可以在愉快的氛围里学习。

小猫钓鱼游戏

这个游戏也可以衍生出"字词配对"游戏，把字制作成卡片，用打牌的方式，打出能组词的字，比如，父母打出"阳"字，孩子打出"光"字，当这些"字"活动起来，男孩反而能集中注意力，牢牢记住。

2. 文字抽签乱配游戏

增大识字量之后，提高男孩的理解力也很重要。父母可

以和男孩玩"文字抽签乱配游戏"。比如,父母写出三句话(从易到难, 从短到长):

❶ 我, 去河边, 钓鱼。

❷ 妈妈, 在厨房, 做饭。

❸ 爸爸, 爬到树上, 摘桃子。

然后, 把句子中的人物、地点、事件分开, 做成抽签券, 放在盒子中, 玩文字抽签游戏, 可能会抽到"爸爸在厨房钓鱼"这样的句子, 大家自然会觉得很搞笑, 为什么搞笑? 把这个道理说清楚, 孩子就理解了主谓宾, 时间人物地点事件的逻辑关系。

当然, 提升男孩阅读力最有效的方式, 是父母从小和男孩一起亲子阅读, 从小爱阅读的男孩, 不管是识字量、理解力, 都很突出, 坚持阅读的男孩, 表达能力、阅读理解能力、写作能力都比较好。

写不好? 多锻炼手部精细动作, 让男孩写字好又快

再来说一下写字的问题, 如果男孩写字经常出现上下不平衡、部首张冠李戴等问题, 很有可能是男孩的空间智能未

发育完善，这个问题我们在第三章第四节中做解释。

这一章节，我们主要解决男孩握笔姿势错误、写字慢、写字潦草等问题。可能很多父母会认为，这是男孩不认真的缘故，当然也有这个因素，但更大的可能是"精细动作"出现问题，男孩手部力量不达标所导致。

动作分为粗大动作和精细动作，粗大动作指跑、跳、爬等；精细动作主要是指手的动作，如果精细动作不达标，男孩就可能出现：

❶ 握笔姿势错误；

❷ 写字容易疲倦；

❸ 书写慢且费力；

❹ 书写非常潦草。

判断男孩的精细动作是否达标，有一个非常简单的方法——让男孩使用剪刀，如果男孩能轻松使用剪刀，那么这个孩子写字肯定差不了。同理，字写不好的孩子，你让他用剪刀，他会用得非常别扭，这就是精细动作的问题。

下面我分享一些让男孩德智体美劳全面发展的活动。

❶ 多做和手部有关的家务。比如：拧毛巾，系鞋带，浇花。

❷ 多玩和手部有关的游戏。比如：搭积木，玩橡皮泥、

玩黏土。

❸ 多让男孩独立。比如：自己收拾书包，系纽扣，用筷子、勺子吃饭。

❹ 多带男孩去大自然爬树，玩泥巴。

这些都是很好的锻炼手部精细动作的方式。

父母需要注意的是，这些活动并不能让男孩一蹴而就，男孩更需要父母细水长流的陪伴。所谓知己知彼，百战百胜，以前我们或许会因为男孩的不开窍而揪心他是不是笨，但现在我们知道，一定程度上，我们错怪了男孩，大脑发育使然，男孩会走得比较慢一些。那么，我们就耐心地等一等，等男孩开窍，陪男孩玩耍，让男孩在游戏里智慧成长，德智体美劳全面发展。

思考：你家男孩为什么会粗心？

没心没肺不懂事？3 个技巧拥抱男孩，让他成为暖心小绅士

男孩未必是贴心小棉袄，但他可能是暖心皮夹克

"学猪叫的男孩，怕是个傻子吧？"

一位单亲妈妈向我求助，说她家 6 岁的儿子土豆太没心没肺，她很担心孩子是不是生性凉薄。原来，这位妈妈有一次做饭，切菜的时候不小心切到手，鲜血直流，土豆看见也就惊呼一声："呀，妈妈你流血了。"

虽然他帮助妈妈拿了创可贴，但全程太淡定了，一点都没有着急心疼的样子，并且贴完创可贴后，这孩子

就完全忘记这件事了，再也没有问过妈妈还痛不痛，好点了吗。

我问："那你希望孩子怎么做呢？"

土豆妈妈说："我同事的女儿是贴心小棉袄，我同事平时有点不高兴，她女儿马上就过去拥抱，要是妈妈受伤，那眼泪都哗啦掉。有一回，我老板的儿子过生日，邀请我们一起去，小姑娘别提多懂事，主动送礼物，还唱了首歌祝人家生日快乐，我家这个倒好，让他送礼物不送，叫他说点祝福语，就更过分了，直接当着大家的面学起了猪叫，各种搞怪，我尴尬得恨不得找个地缝钻进去。"听完这段话，我理解这位妈妈的担心，但也替土豆委屈，他不过是个6岁的男孩，即便在情感认知方面不是那么浓烈，确实也不能说"凉薄"。

排除性格和成长环境的因素，男孩和女孩相比，确实情感比较大条，一副看起来没心没肺、心智没开的样子。事实上，这就是男孩处理感情的方式。剑桥大学自闭症研究中心主任西蒙·巴伦·科恩，总结了大脑在两性之间大体的区别：一般男性更侧重于逻辑推理，而女性更擅长情感交流。

逻辑和情感之间，最大的区别就在于共情能力。我们会发现，即便是学龄前的小女孩也非常懂得共情，如果我们同时给男孩和女孩一个布娃娃，女孩天生就会抱着布娃娃，照顾它，和它说话；男孩可能会揪着布娃娃的头撞撞桌子，扔上又扔下……

女孩更有可能感受到周围的人流露出来的情感。相比之下，男孩关注的重点不在情绪共情上，而可能会是：马路上哪辆车跑得快？奥特曼的身体可以拆开么？这个食物是什么味道？摸起来好像不错，我可以放到嘴里尝一尝吗？……所以，当女孩抱着妈妈一起哭的时候，男孩想的往往是：妈妈哭了。仅此而已，但这并不表示他没有爱，不会心疼妈妈。

男孩容易被父母误会"没心没肺"还有一个原因，那就是男孩处理情绪的速度比女孩慢很多。社会人类学家詹妮弗·詹姆斯曾做过一项研究，研究证明，男性加工"困难情绪信息"，也就是处理复杂情绪的时间，可能会比女性多出7个小时。

樊登老师讲过这样一个育儿现象。有些男孩被父母批评或责骂后，是"无所谓"的态度，依旧吃吃喝喝，甚至马上

就跑出去玩，父母觉得这孩子没心没肺，下次就加大了打骂的力度，但男孩依旧没事人似的。樊登老师解释：事实上，这是男孩的自我防御措施，他不知道如何应对父母的责骂，表面只能装作没事，但内心受到的伤害非常大。其实，这是因为男孩无法像女孩一样快速精准地处理自己的情绪。

女孩会通过倾诉和哭泣等方式宣泄情感，将悲伤排出体外；男孩比较内敛，往往会把悲伤积攒在内心，一旦无法宣泄，积攒得越来越多，就容易产生抑郁等情绪。值得庆幸的是，育儿专家迈克尔·古里安表示：通过恰当的训练，男孩可以变得更加敏感，更善于理解和体会他人的感受，即便在大部分时候，他还是更倾向于用男孩特有的方式来处理和表达感情。

给大家分享三种方法，把我们的"皮夹克"培养成暖心小绅士。

聆听男孩的"废话"，让他感受共情

要做到倾听男孩的话并不是一件容易的事。很多妈妈会发现，自己和女孩沟通的时候，对话是有来有回，可以双向奔赴的，女孩不但会接话，还能反馈相应的情绪。但妈妈和男孩沟通就不一样了，很多时候，你说 A，他说 B，你试图拉回来继续说 A，他已经跑到 C 去了，经常会让妈妈冒火："闭嘴，听我说。"

事实上，当我们俯下身子聆听男孩的"废话"，男孩也会在这样的回应里学会尊重和反馈。我曾接触过这样一个育儿案例，有个小男孩，课堂纪律特别差，尤其爱说话，老师在上面讲课，他在下面聊天的声音竟盖过了老师的声音，为此，班主任经常找妈妈谈话，妈妈也着急得不得了，但不管她怎么威逼利诱，男孩总是改不了。

后来，妈妈是怎么帮男孩纠正的呢？——倾听。通过倾听，妈妈才意识到，虽然儿子爱说话，但说的都不是心里话。比如，他会滔滔不绝说一个游戏怎么玩，他会把奥特曼的整个家族全部介绍一遍，而且，整个过程，他一直单方面地自说自话，他不懂得倾听也不懂得给对方反馈，他说出去的话就像发射出去的空子弹，因为没有回应，显得特别无力。但也是在这样的"废话"里，妈妈发现，她是可以抽丝剥茧去挖掘男孩的"内心世界"的，原来男孩所遇到的世界和妈妈看到的"男孩调皮不听话"完全不一样，男孩的"自言自语"

其实是在无意识地表达一种需求：我想被关注。

如何倾听男孩？最简单的方式是：看着他—微笑—点头—回应。

妈妈："一会回家我们先做作业。"

儿子打断："我今天捡到一张奥特曼卡，竟然是捷德奥特曼。"

妈妈倾听："嗯？"

儿子："我同学佳佳说要送我一张奥特曼之父。"

妈妈："喔。"

儿子："佳佳上体育课的时候推了我一下。"

妈妈："呀，发生了什么？"

儿子："我们后来和好了，妈妈，我回家做完作业可以出去玩吗？"

妈妈："当然。"

神奇的事情发生了，男孩从一开始的自顾自说话，到后来可以和妈妈就一个话题进行有回应的沟通交流，再后来，他的课堂纪律也好了很多。重要的是，在这个过程中，他学会了等待和倾听，还知道有互动地表达，而这也是共情很重要的一步。

用"八秒拥抱法"，教男孩学会感受爱

哈佛大学就"孩子依恋"做过研究，证明与父母关系亲密、在安全稳定的依恋体系中成长的孩子，更可能拥有积极的自我认知、良好的人际关系和崇高的道德，且更富有好奇心和自信心。反馈到男孩身上就是，情感链接和依恋对男孩的神经系统构建影响很大，能够增加或削弱他在情绪、社交、智力上的健康发展。

所以，教男孩学会感受爱特别重要，我们在做家庭教育的时候，会指导父母一个很好用的工具"传达爱，表达爱"——八秒拥抱法。之所以是"八秒钟"，是因为这个拥抱的时间必须一次持续八秒钟或以上。

操作步骤如下：

❶ 父母紧紧拥抱男孩，必须持续八秒钟或八秒钟以上；

❷ 双方以"靠近心脏"的方式拥抱，能感受到对方的心跳为好，要用左手上，右手下，头靠右的姿势，这样的姿势主要是为了让两颗心靠得更近；

❸ 拥抱结束后，父母一定要记得表达爱，在男孩耳边轻轻说："爸爸妈妈爱你，你是爸爸妈妈的宝贝。"

❹ 当男孩习惯被拥抱后，可以尝试让男孩主导，拥抱父母，表达、传递爱。

八秒拥抱法

需要注意的是：

❶ 建议父母在早起刚醒或晚上入睡前，给予男孩拥抱，形成家庭独有的仪式感，男孩情绪波动的时候更可以使用此方法；

❷ 拥抱必须八秒钟或以上，具体以男孩感受为主；

❸ 切记拥抱后不要给男孩讲大道理，只单纯表达爱。

当我们把"八秒钟拥抱"当成家庭成员表达爱的仪式，让男孩从"不适应"到"习以为常"，男孩也就在爱的感受里，慢慢懂得，爱需要表达——爱是有方式可以表达的。对方情绪波动时，我可以表达爱；某种特殊时刻，我可以表达爱；可以是任何理由，今天天气很好，春暖花开，你的笑很甜这样平常又温馨的时刻，都可以表达爱。当男孩心里被爱填满，他就会自然地表达爱。

"心"赏"心"语，教会男孩表达爱

无法共情的典型特点是——视而不见，但很多情感的链接，恰恰就在"看见即疗愈"。接下来给大家分享一个表扬男孩的好方法——"心"赏"心"语。这个方法，是《家庭教育指导专项能力教程》的主编陈明兴老师，在调研了诸多家庭教育的现状之后，从实操性和必要性的角度专门研发设计的。

"心"赏"心"语是通过赞扬来鼓励男孩进步的一种方式，这个方法和一般的表扬相比，有其独特的地方：

❶ 可以用在男孩做对事的时候，更可以用在男孩事情没做好的时候，用欣赏的态度，在男孩的不足里看到细节亮点，表达的是父母对男孩的完全接纳和正面引导；

❷ 要求表扬看得见的具体行为，而不是"你真棒"这样的空泛语言；

❸ 要求表扬也需要"互动"，让双方能感受到情绪流动。

当父母使用"心"赏"心"语时，一定要注意是发自内心地认可男孩，并能将表扬落到细节实处，同时注意表达自己的情绪。为什么说这个方法特别适合用来表扬男孩，就是因为这三个要点的核心都指向男孩最容易忽略的一个点：看见。男孩天生在处理困难情绪上比较费力，在共情上比较迟钝，那么我们通过表扬先"看见"男孩，"心"赏男孩，让男孩在"被看见"里感受到情绪的被理解。反过来，再让男孩在"被看见"里习得"看见"别人的能力。具体实操起来即，陈述事件 + 肯定行为 + 表达感受，下面我们举例说明。

男孩放学回家，把鞋子随便一脱，往往左边一只右边一只，特别没有规矩，很多妈妈的第一反应是："和你说了多少遍了，脱鞋的时候一定要摆放好。"如果男孩摆放好了鞋子，很多妈妈的表扬往往是空泛的一句"你真棒"，这类表扬是很难激发男孩的成就感的。

另外一种常见的表扬是借着表扬讲道理："你今天把鞋摆放得很整齐，你真棒，一定要坚持下去（提要求），就会成为好习惯，妈妈相信你一定可以养成好习惯。"很明显，凡事一旦开始讲道理，就会被男孩理解为"说教"，还可能会起反作用。

我们用"心"赏"心"语试一试。

"宝贝，你今天脱鞋的时候很注意，摆放得比以前整齐（陈述事件），这是很好的习惯，真好（肯定行为）！妈妈觉得好开心呀（表达感受）。"

需要注意的是，虽然父母很爱孩子，但面对调皮捣蛋的男孩，确实有很多父母不容易做到发自内心的欣赏，尤其要在男孩的"不足"里挖掘"细节亮点"，真的不容易！但是，谁都爱听表扬，"心"赏用得好，男孩一定"听话"。更重要的是，男孩就是在父母的看见和欣赏里构建出强大自信心的。所以，表扬男孩，父母需要刻意练习，一般建议父母用 1 ~ 30 天的时间进行刻意练习，逼迫自己养成发现男孩优势的好习惯；31 ~ 60 天的时候重复巩固，逐步养成越来

越容易发现男孩优势的好习惯；61 天以后将"心"赏"心"语内化，习惯成自然发自内心地欣赏男孩。从小被爱与欣赏包围的男孩，自然更容易反馈爱与欣赏。

思考：如何用"心"赏"心"语鼓励不爱写作业的男孩？

专家建议男孩推迟一年上学

比要不要推迟一年上学更重要的是，父母要了解
自家男孩处于什么认知水平

8月出生的男娃，要不要晚一年上学？

小狐狸的妈妈最近很焦虑，她儿子小狐狸就读的是
公立幼儿园，没有教拼音也没有教数学，眼看着孩子马
上就要上一年级，幼升小这个问题她实在不知道怎么办。
有"过来人"告诉她："暑假一定要让孩子提前认字学拼音，
不然追不上很辛苦的。"但也有"过来人"说："我觉得没
必要，我儿子就适应得很好，一年级学的内容简单。"

　　每年七八月，就会有很多家长开始焦虑，"幼升小了怎么办？""我儿子是八月份出生的，要不要晚一年上幼儿园？"

　　"晚一年上幼儿园，是给男孩最好的礼物"，这是一位知名女星在节目里说的话，她4岁的儿子还没有去上幼儿园，爸爸解释："妈妈看了一本书，觉得男孩还是晚上一年好。"

　　事实上，确实有专家提议让男孩晚一年上学。斯坦福教育研究生院教授托马斯·迪认为：我们发现男孩推迟1年上学，在其11岁时，他们中73%的孩子注意力不集中和多动行为都在减少；同时在这个年龄段，普通孩子会有的"反常"以及多动行为也几乎完全消失。

　　专家之所以会这样建议，是因为从生理层面来说，男孩确实比女孩晚熟。马萨诸塞大学阿默斯特分校的学者南希·福杰发布报告称：男女大脑之间至少存在100种差异。因为这些差异，男孩会在以下方面比女孩"吃力"。

　　首先，男孩的血液中含有更多的多巴胺，再加上睾丸激素，会让男孩天生喜欢冒险，以及行为更具有攻击性。所以男孩天性就爱跑爱动，在课堂上很难安静地遵守课堂纪律（这也是老师最介意的），容易分心，不服管教。

　　其次，男孩的大脑额叶比女孩的发育晚，作为大脑主

88

要的语言中枢，发育晚致使男孩在语言表达上"晚开口"，同时在情感认知上会"慢半拍"；另外，男孩大脑颞叶具备的神经连接非常少，和女孩相比更是"少得可怜"，这种情况下，会导致男孩感知声音的能力差，所以男孩经常出现听不见、听不懂、不善表达的情况，会让老师觉得男孩不认真听课。

除此之外，男孩大脑皮层的发育速度比女孩慢，所以发展出来的神经纤维束普遍比女孩少，借助更加粗壮的神经纤维束，女孩大脑得以在左右半球之间进行更多信息交流，能让女孩具备比较好的阅读力和同时处理多项问题的能力。相比之下，男孩的阅读力和同时处理多重任务的能力会比女孩弱很多。

当然，男孩也有生理优势。男孩的大脑至少比女孩的大脑大10%，且右半球的神经连接极为丰富，这种大脑结构上的差异，会让男孩对空间关系和空间活动更加关注，所以男孩在逻辑梳理、空间架构上会比女孩更有优势。再加上有冲劲、敢冒险，男孩会比女孩更有创意。总体来说，男孩的大脑更依赖空间的、操作性的刺激，所以更容易受图标、图片和移动物体的启发（玩中学，动中学）。

总结一下，从行为上来看，男孩喜欢在"动"中吸收知识，不如女孩能静得下心，男孩更容易违反课堂纪律；从学习力上来说，男孩的大脑较女孩相比，先天没有那么擅长读书、写作和复杂的遣词造句；从情感上来说，男孩说话晚，情感认知慢半拍。换句话说，当男孩的成绩不好、行为不妥、被老师批评时，他还没能力为自己辩解。

这样看来，似乎男孩确实晚一年上学更合适，但认同这个观点前，父母需要先思考两个问题：

❶ 受发育水平、家庭教育背景的影响，标准之下，男孩是会存在个体差异的。就像有些男孩不上幼升小，但一年级的课程也适应得很好；有些男孩或许拼音背得很熟悉，但还是适应不了一年级的学习。这并不是表面的知识掌握问题，而是男孩的大脑发育快慢问题。

❷ 很多父母往往在孩子快入学时才考虑是否让孩子晚一年入学这个问题，事实上，如果这个问题已经迫在眉睫，最简单的方式就是父母带男孩去医院进行检测，看男孩的各项发展是否达标。如果与标准线差太多，比如，上幼儿园前，孩子的分离焦虑还很严重，语言表达能力还很欠缺，就建议晚一年上幼儿园；同理，如果上小学前，男孩的精

细动作有很大的问题，情绪控制能力很差，也建议晚一年上小学。

男孩是否要晚一年入学，应该是一个"提前筹划"的问题，父母应该提前从以下两个方面进行准备。

行动上，以"按时上学"为目标去培养男孩

如果男孩 3 岁上幼儿园，6 岁上一年级，那么父母就需要以终为始，提前思考孩子上学需要掌握的基本技能，以此反推出计划，提前给男孩安排合适的教育。

注意，这个教育并不是指父母要教会男孩认识多少个字，教男孩背会拼音字母、做加减法，这些知识可以随时学习。决定知识吸收快慢的前提，是孩子是否具备学习的技能，这也是父母需要提前给男孩的早教——促进男孩大脑发育，具备语言表达能力、情绪控制能力、阅读理解力等学习的基础技能。

比如，小学生写字又快又好，精细动作需要过关，家长可以在孩子幼儿园期间为其多安排折纸、捏橡皮、使用剪刀等促进精细动作发展的游戏。

幼儿园需要自己的事情自己做，男孩需要独立，家长可以在男孩 2 岁时，锻炼其使用勺子或自主如厕，多陪孩子玩捉迷藏等缓解分离焦虑的游戏。

值得注意的是，父母在为男孩安排早教的时候，要设计适合男孩的学习方式。这一点，我的朋友快快妈妈就做得非常好。快快妈妈自己很喜欢读书，所以很早就开始给儿子快快讲绘本。她时间安排得非常好，每天晚上安排半个小时的亲子共读时间，她把快快抱在怀里，一起享受阅读绘本的美好。

梦想是美好的，现实是残酷的。2 岁多的快快根本"坐不住"，这边妈妈在给他讲故事，那边他在妈妈怀里蠢蠢欲动，时不时从妈妈的怀里偷溜出去，一会摸摸这个玩具，一会翻个跟头，根本没办法安静地听完一本书。

快快妈妈非常生气，想了很多办法让快快安静下来都没有用。后来，她了解到，受大脑发育的影响，男孩并不习惯安静地在单调的语言中吸收知识，最适合他们的方式就是在活动中掌握知识，于是，快快妈妈就打消了"把他安静抱在怀里听绘本"的念头，允许他在妈妈读绘本的时候自由活动。

我们普遍认为，孩子一定要安安静静坐着学习才能吸收知识，但事实证明，快快一边在沙发上爬上爬下，一边听妈妈读绘本，也把绘本知识吸收得很好。

"以终为始"提前为男孩规划，针对生理特性为男孩寻找适合的学习方式，针对性地陪男孩玩促进相关技能的游戏，让男孩在玩中掌握技能，提前为上学做好准备，这才是"男孩要不要晚上学"带给家长的思考意义。

心态上，以"包容等待"为标准去保护男孩

纪录片《成长的秘密生活》第 1 集"最是少年时"，跟踪拍摄了不同年龄段的男孩女孩，揭露了男孩女孩成长中身体、大脑、心理等内在和外在的惊人变化，展现出男孩和女孩的成长是不同步的。数据显示，小学低年级女孩排名靠前是普遍现象，男孩女孩的差距一般在小学三年级左右开始拉平，不过，三年级又是很多男生开始进入青春期的年龄，是让父母更头疼的时期。

换句话说，男孩上学确实需要比较长的一段时间来适应，哈佛大学心理学家威廉·波拉克针对男孩在学业方面的

自尊做了研究，他认为："跟女孩相比，男孩不仅自尊心更加脆弱，对学习能力的信心更加不足，还明显更容易违反纪律。"

这就要求家有男孩的父母，要在心态上做好准备。

I. 接纳男孩本来的样子

晚上 10 点多，寂静的夜空，突然传来一位妈妈的怒吼："你还敢跟我横，你凭什么，别说高中，初中你能不能上完都不知道。我供你吃供你喝你还敢跟我横？有本事你现在就给我滚出去。"回应她的，是一个明显压抑着愤怒的小男孩的怒吼声。

寂静的夜里，这样的愤怒显得尤为刺耳。我非常心疼那位妈妈，她白天累了一天，回到家还要面对不听话的孩子，一天都在受气。可是，我也真的替这位妈妈难过，不管孩子做错了什么，这位妈妈的做法都是有害无益的，她并不是在帮孩子解决问题，只是在发泄自己的情绪。相比之下，我更心疼那位男孩，在他最需要帮助和引导的年龄，却被最亲近的妈妈这样推出去。

我曾在网络上看过一个很令人心疼的视频，视频中妈妈陪着男孩做作业，妈妈起身离开时，男孩突然狠狠地打了自己几个耳光。那个瞬间，我的心都疼得揪了起来，可怜的孩子，他的压力该有多大？他有多讨厌自己，才会那么重地扇打自己？很多时候，我们总是气孩子不争气，为什么不努力学习？为什么不能像别人一样优秀？为什么总是出各种各样的问题？我们常觉得是孩子不够努力，但可能他真的已经用尽了全力，只是，有些事情不是光靠努力就可以，就比如，男孩的大脑发育就是比女孩慢。

为人父母，当然都希望自家男孩学习好、性格好、未来一帆风顺，但我们必须承认，有些男孩或许就是没办法像父母希望的那样"优秀"，小时候写字慢、成绩差，就算父母接纳了、等待了、包容了，长大了依旧还是成绩差又迟钝。但是男孩不优秀，我们就不爱他了吗？难道我们是因为他们"优秀"才爱孩子吗？

每个孩子都是天性向善的，只要我们做父母的不横加干涉，不伤害孩子，孩子都能找到自己的成长方式，注意，是他自己的，而不是父母希望的。接纳男孩本来的样子，做好我们父母能做的，耐心等待男孩按他自己想要的方式成长。

2. 做好老师和男孩之间的沟通桥梁，为男孩缓解压力

老师肯定也了解男孩和女孩之间的差距，但作为老师，必须维护课堂纪律，在学校，我们也确实做不到允许男孩在"动中学习"，所以，老师要求男孩必须遵守课堂纪律也是很必要的。

当然，作为父母，我们也应该用科学的方式去培养男孩的各种技能，但在这之前，我们需要做好"中间人"的角色，作为家校之间的桥梁，不能单纯传达压力，而是应该分担压力，对于老师的批评和建议，我们要积极做到家校配合，支持和肯定老师的工作；对待"压力山大"的男孩，我们应该做的是帮男孩承担来自学校的压力，帮助男孩释放掉负面情绪，对男孩出现的问题加以引导并鼓励改进。

三年级的许未然是一个特别优秀的小男生，不但学科成绩好，围棋和作文的优势也很明显，经常代表学校参加比赛，他还乐于帮助同学，老师同学都很喜欢他，很多人向未然妈妈取经，问她到底是怎么把孩子培养得这么优秀的。

未然妈妈说她的秘诀是"阳奉阴违"。原来，一二年级时的未然也是个问题学生，那时候老师隔三岔五就来找未然妈妈，不是批评未然上课拉扯女同学的头发，就是批评未然考试竟然只做了一半试卷，总之，不是学习差，就是课堂纪律不好。

那时候，未然妈妈压力特别大，几乎都要对他失去信心了，不相信这是自己养出来的孩子。后来，她突然想到，她都承受不住老师的批评，那孩子在学校肯定更委屈，从那之后，未然妈妈就非常注意方式方法。

她把所有的注意力都放在给未然查漏补缺上，陪着未然做运动，进行亲子阅读，玩促进专注力的各种游戏，指导未然做错题本，以及非常重要的一点，帮未然承担老师的批评。有一回，老师特意找未然妈妈："未然上课一直挪动凳子，课堂纪律太差了，这样根本没办法学习，你作为家长一定要多用心，好好管教。"未然妈妈觉得非常委屈，也很想骂未然一顿，但最终她对未然说："今天老师说你上课比以前有进步，说话次数比昨天少了很多，就是，是不是小屁股痒挪凳子了？"

未然听到第一句话还不敢信，一直问："真的吗？老师真的表扬我了吗？"这话听得未然妈妈心酸，孩子都不相信老师会表扬自己，可见孩子在学校受了多少批评。她很肯定地表扬："是啊，妈妈也觉得你今天进步很大，妈妈稍微提醒，你就能坐得很端正。"被妈妈接纳的未然有点害羞："妈妈，

今天我挪凳子是因为我后面的同学一直在戳我的背，我才挪来挪去的，但我发现我坐笔直他就碰不着我，妈妈，我以后不挪凳子了。"

原来这才是未然挪凳子的真正原因。未然妈妈非常震惊，她很庆幸自己没有因为老师的批评而盲目地谴责孩子，才知道了事情的真相，获得了未然的信任，并保护了未然的自信心。后来，未然妈妈在家里给予未然更多的"心"赏"心"语，她只要发现未然一点点进步就努力强化，就这样，未然的自信慢慢建立起来了，真的一天比一天更好，也就有了三年级优秀的未然。

每个优秀男孩的背后，都藏着一对默默承担和努力的父母，这当然很难，但更凸显我们对男孩的爱。尊重男孩缓慢成长的事实，从行动和心态上表达对男孩的支持，这也是我们作为父母，可以送给男孩最好的礼物！

思考：老师经常批评男孩上课讲话，作为家长该怎么办？

第三章

别发愁男孩女闹心，
那是他"和世界联结"
的方式

掌握说话小技巧，
让男孩竖起耳朵听、打开心扉说

男孩未必一定会听话，但一定愿意沟通，
并能敞开心扉和父母说心里话

"我儿子简直是个'聋子'"

一位爸爸抱怨："如果不是知道我儿子耳朵没问题，我几乎都要以为他是个'聋子'。平时他妈要是和我悄声说点什么事，不该他听的，他那耳朵听得一清二楚，但是该他听的，他那两个耳朵，就是个摆设，从来都不听话，每次叫他吃饭，叫十几次都没点动静；叫他做作业，

眼皮都不会抬一下，每次都得我冲到他面前，揪住他的耳朵问'你听到没有'，他才哼哼唧唧说听到了，但他听到了也是照样磨磨蹭蹭。而且，很奇怪的是，他在外面非常喜欢和人说话，别人都说他说话说个不停，但偏偏在家里就不出声了，我问他在学校发生什么事，今天心情怎么样，怎么问他都不回答。这么小就把事憋在心里，我真是担心。"

"我隔壁邻居那个小姑娘，和我儿子同岁，嘴巴非常甜，远远看见我，就和我打招呼。听小姑娘爸爸说，孩子真是一点都不用操心，父母从来都不用主动问，她自己把在学校都学了什么、遇到什么好玩的事、需要什么帮助说得明明白白的，哎，儿子和女儿就是不一样，女儿就是贴心小棉袄。"

人类的大脑由左右两个半球组成，各司其职，左脑主管语言逻辑思维，包括算数、伦理、分析、理论和解析；右脑则主管形象思维，包括视觉、绘画、几何、综合、图像、直观感觉等。科学研究发现，男孩的大脑右边皮质较厚，而女孩的大脑左边皮质较厚。因此，男孩通常在数学方面要比女孩好，而女孩通常在语言方面要比男孩好。

《男孩的思维方式大不同》一书中指出：男孩会比女孩更加频繁地忽略声音，哪怕这些声音来自父母，某些情况下，他们只是单纯没有听见而已。因此男孩的父母反映在跟男孩讲话时提高嗓门是情有可原的。

父母有时候喊破嗓子，男孩也还是听不见，一般情况下，如果男孩"听不见"，大概率是以下三种原因。

❶ 男孩正在专心做某件事，这种情况下他确实不容易听见别人的召唤。人类的左右脑是依靠神经纤维束相互联系的，男孩脑内这种纤维素的体积非常小，所以男孩的左右脑联系是非常少的，也就无法像女孩一样轻松"一心两用"。

❷ 可能是父母的指令太复杂，男孩听不懂。比如有些父母会一口气说一大堆话："你看看现在都几点了，我和你说了多少遍，叫你到点一定要去洗澡，你看看现在又晚了，你是不是要气死我？"从父母的角度理解，这是催促孩子赶快去洗澡，但听到这么一长串话语的男孩，可能会以为父母在生气，而忽略"去洗澡"的指令。

❸ 如果以上两种情况都排除，那有可能出现的第三种情况，就属于亲子关系出现问题，那就是男孩故意不想搭理

爸爸妈妈，在心理学上，这叫自我防卫机制。如果父母的语言中经常传递出焦虑、愤怒、暴躁等情绪，导致孩子的内心产生怀疑、无助、痛苦等负面情绪，他的耳朵就会"主动关闭"，拒绝接收消息。

案例中被爸爸抱怨的男孩，应该就存在这个问题，总结起来就是：听不见、不听话、不愿意和父母沟通心里话。

很多人会认为，男孩调皮叛逆，没女孩贴心，拒绝和父母沟通也正常，事实并非如此。美国青年发展研究所的一项调查研究发现，大多数孩子都对父母有一定的依赖心理，即便是进入青春期的 11 ~ 14 岁孩子，也希望与父母有更为紧密的联系，喜欢与父母一起做事。

所以，当男孩出现"拒绝沟通"的现象时，父母一定要及时反思，是不是自己的养育方式和沟通方式出了问题，如果是则需要对症下药，加强和男孩的联结。那么，父母怎么说，男孩才会听？父母说什么，男孩才愿意说？下面，我们就给大家分享几个沟通小技巧。

3 个落地方法，让男孩竖起耳朵听

很多父母，尤其是妈妈，在和男孩沟通的时候，比较容易发泄情绪，而不是解决问题，但男孩的思维是"直线条"，如果在同一时间接收太多信息，他会下意识阻断自己不想接收的信息，就容易出现"听不见"的状态。所以，父母在想好怎么说之前，一定要记住：放下情绪，沟通问题，发出清晰的指令。

1. 设计"二选一"，让男孩选择

我儿子也经常不听话，尤其是早上去上学，我们总要催促他动作快一点，他倒好，叫他快点来吃早饭，他装模作样窝在沙发里看书，好不容易督促他把早饭吃完，他不是忘记背书包就是穿鞋磨磨蹭蹭。

经过学习后，我开始使用"二选一"的指令。每次饭点，我问他："你是现在过来吃饭还是过 2 分钟来吃饭？"他一般都会选择过 2 分钟来吃饭。当然，经过实操，我发现，"二选一"也不是每次都有效果，必须经常更新内容，让男孩有新鲜感，才能获得男孩注意，比如叫吃饭时，我有时候会说："你用大碗还是小碗？""你来端菜还是摆餐具？""你先

吃牛肉还是鸡蛋？"我注意到，不管我儿子当时手头在做什么，我每更换一个选择项，他都会抬头思考一下，再回答我，有时候还会反问我"是什么牛肉"，再做出选择。

儿子出门上学，我也不再用"快点，来不及了，赶紧背上书包"来催促，我换了另一种思路："你先拿书包还是先穿鞋？""你今天穿运动鞋还是皮鞋？"事实证明，当男孩不被催促，在一种他认为自由轻松的气氛中掌握主权，男孩的主动性就强了很多，也就越来越听话。

2. 不说"别做什么"，而说"做什么"

《吸引力法则》一书中阐述了"愿望实现"的秘诀：用一种积极的方式陈述你的愿望，用正面语言代替负面语言，例如，将"不要摔门"改成"请轻轻关上门"。这个方法用在育儿上也有异曲同工之妙。很多时候，父母看到男孩做错事，习惯性地会用否定句，例如"不要吵""别闹""不许看电视"等，但我们会发现，男孩接收的信息往往是"吵""闹""看电视"，反而更不听话。如果我们换种表达方式，比如，当男孩吵闹的时候，我们直接说"安静"，男孩听进去的概率会大得多。

有一回，我在书店看书，那家书店除了成人阅读馆，还有儿童绘本馆，孩子多了，嘈杂的声音自然就大了。一开始，有年轻的店员去提醒："不要吵。"孩子们只是短暂地安静了一下，很快又闹了起来。店员有点生气，再次过去提醒："这里是书店，不要吵，再吵就要请你们出去了。"可是他的威胁没有任何作用，孩子们还是自说自话。

这时候，店长过去了，只见她走到孩子们中间，半蹲着身体，把手指放在嘴边，做出一个"嘘"的动作，简单说了句"安静"就离开了。神奇的是,那些孩子们安静了下来，再有孩子发出吵闹声时，旁边的大孩子也会马上做出"嘘"的动作，提醒大家要注意。

所以，当父母想说"别跑"的时候，不妨试试"我们牵手走吧"，想说"别坐地上"的时候，不妨试试"坐在小凳子上",想说"别喝奶茶"的时候,不妨试试"喝点果汁"……把"否定"变成"肯定"的指令，男孩更容易听进去。

3.放下指责，只描述现象，提问"怎么办"

还有一种非常落地可实操的沟通技巧，非常适合用在男孩犯错时。那就是当男孩犯了错，父母先不要指责，直接描述发生的事情，提问"怎么办"即可。

场景：男孩因为调皮把牛奶洒到了沙发上。

常见沟通：生气的父母开始指责，"你怎么回事？和你说了多少遍，喝牛奶的时候不要跑，你看现在弄得一整个沙发乱七八糟……"

常见反应：有些内向的男孩会露出害怕的神色，有些顽劣的男孩会出现一脸无所谓的表情，但男孩得到的信息都很一致——"我被骂了"，仅此而已，男孩依旧"听不见"父母的要求，下一次依旧会犯类似的错。

如果我们换一种沟通方式，父母在努力冷静之后，直接描述当下的现象："沙发上全是牛奶，我们怎么清理干净？"当父母只是简单提出"怎么办"的时候，男孩反而能听话，并积极提供建议："妈妈，我去拿抹布擦干净。"当男孩做错事，心里也会紧张，尤其担心被父母责备，如果这时候父母能把关注点放在怎么解决问题上，得到指令的男孩，反而会更积极地表现自己解决问题的能力。重点是，吃一堑长一智，男孩下次也会记住，不要在沙发上一边乱动一边吃东西了。

2 个好用技巧，让男孩打开心扉说

当然，父母学习沟通技巧，并不是为了培养一个百分之百听话的男孩，毕竟，太听话的男孩容易没有自己的主见，"不听话"才是男孩应有的常态。我们的目的也只在培养一个愿意沟通心里话、懂得沟通想法的"沟通小达人"。

沟通的本质是希望对方懂我、理解我、支持我。学会沟通对男孩来说尤其重要，当他在学校遇到困难，他唯一能求助的只有父母，于是，他尝试沟通，期待从父母那里得到理解和支持，如果父母满足了他的期待，整个沟通是顺畅的，父母与子女就能培养出良好的亲子关系。

反之，当男孩通过沟通，发出"我希望你们理解我、支持我"的信号，但父母反馈的却是"这有什么大不了"，甚至批评孩子，又或者是自顾自地给建议"我早就和你说过这样不行，你应该……"，屡次受挫的男孩，久而久之就失去了倾诉的欲望，选择把伤害藏在心里，长此以往，男孩的秘密越来越多，和父母的隔阂越来越大，亲子关系也就越来越僵硬。最糟糕的是，这样，男孩在进入青春期，遇到很多成长问题的时候，会拒绝和父母沟通，不接受父母的帮助，

他们容易钻牛角尖，把小问题严重化，严重的还会做出伤害自己的事情。

我曾遇到这样一个咨询情况，因为父母爱批评儿子，一年级的哲哲不太愿意和父母说心里话，于是他的父母向我请教方法。在我的建议下，哲哲妈妈调整了自己的沟通方式，每晚睡前会和哲哲有个聊心时间，结果，她发现哲哲在学校会玩一个"主人和仆人"的游戏，哲哲是仆人，要无条件服从主人对他的任何安排。比如，推打别的同学、抢同学的书本、交"保护费"……哲哲妈妈非常震惊，马上做出干预，与学校老师沟通并保护好哲哲。这件事让哲哲父母一阵后怕，如果哲哲不和父母沟通在学校发生的事情，遇到事情也不愿意求助父母，他们很难想象哲哲会在学校遭遇什么。

那么，父母怎样表达对男孩的理解和支持呢？事实上，我们只需要放下指责，控制自己想给建议的心，不忽略男孩说的那些你认为无足轻重的小事，心平气和听他说就好。

1. 心平气和的力量

一位妈妈看家长群，才知道美术老师布置了硬笔和美术作业，并提醒大家参加"春芽杯"比赛，但这位妈妈一直没听儿子提起，于是有了以下对话。

妈妈："儿子，你们美术课老师有没有布置什么作业啊？"

儿子轻描淡写地说："美术课？我美术课被老师请出去了。"

妈妈很震惊，忍住脾气问："怎么回事啊？"

儿子："说实话我也不知道，就是刚上课那会就把我请出去了。"

妈妈："你有没有在说话，或者做什么影响课堂纪律的事？"

儿子："我实在不知道，可能是在玩，我也不懂。不过在教室外面我看见我的好朋友在上体育课，我看他跑步，我也很开心。"

妈妈在听到这句话时很生气，儿子被老师惩罚了还能有好心情，这什么熊孩子，但妈妈深吸了一口气，什么话都没说。

儿子继续说："不过开始动手画画的时候，老师让我进去了，但是我没有画画。"

妈妈问："为什么？"

儿子："没带画纸。"

妈妈震怒，要是以前她真的会开吼："你到底在上什么

24堂
男孩养育课

课？"但现在，她努力心平气和地问："啊，那你怎么上的这节课呢？"

儿子："我就在那里看书，啥也没做。妈妈，下次我们准备个袋子，把所有美术课可能用到的东西都装在里面好不好，你知道我为什么想这么做吗？"

妈妈问："为什么？"

儿子："这样以后就不会忘带东西了。"

妈妈："这个方法非常好，我给你准备个袋子，里面的东西由你自己准备。"

儿子开心地回答："好的。"

和案例里男孩上课不带画纸，还被老师罚站一样，一般家长都会想批评孩子，给孩子建议。但大家对比家长"批评"和"心平气和"的区别，就会发现，心平气和听孩子说出心里话，让孩子自己找到解决问题的方法，才是更有效的方法。

我曾经把这段对话读给我儿子听，那时候，他刚读一年级，听完以后他说："这个妈妈真好，我希望你也成为这样的妈妈。"可见，天下男孩都一样，再调皮的娃都期待被父母温柔以待；虽然妈妈们都很难控制住脾气，但我们都要努力做到心平气和。

2. 更懂得倾听和沟通的父母，能替男孩说出心里话

樊登老师曾说，自打他儿子嘟嘟出生到现在，他从来没有说过一句重话，因为爱读书的他一直很懂得怎么沟通才能走进孩子的心里，其中，他最推崇的一招就是——共情男孩的心情，替男孩说出心里话。

有一次，嘟嘟和好朋友一起踢球，樊登老师也去陪玩，他踢得特别好，越踢越起劲，两个小男孩玩不过樊登，一直被碾压，嘟嘟不高兴了，哭着说："我再也不跟你踢足球了，你还是让我自己玩吧。"

樊登："爸爸在陪你玩，咱们在锻炼嘛，有爸爸这样强大的对手，你踢足球不是能进步吗？"（这就是"给建议"，站在大人的角度说服孩子）

嘟嘟哭得更厉害，情绪更愤怒。

樊登老师很快意识到自己犯错了，他忽略了孩子的感受。于是，他蹲下来，对嘟嘟说："是不是因为爸爸的介入，让你们没法踢得很愉快？"（站在孩子的角度，理解孩子的感受，替孩子说出心里话）

嘟嘟感觉自己被理解了："对，就是。"

樊登："你是不是希望你们俩自己踢球？"

113

嘟嘟:"我们都没踢到过球。"

被爸爸理解的嘟嘟,很快停止了哭闹,和爸爸高高兴兴回家,并且提出:"爸爸,以后你再陪我玩的时候,按我们的要求来玩。"樊登老师答应了。

也正是因为嘟嘟的情绪一直都能被爸爸理解和支持,所以嘟嘟一直都很乖,樊登老师自然也不需要说重话。

樊登老师的这个案例,让我们懂得,被父母理解和接纳的男孩,是很愿意和父母说心里话的,也可以很尊重父母的指令;而且,连樊登老师偶尔也会站在自己的角度去"命令"孩子,我们也不需要给自己太大的压力一定要做"完美的父母"。当然,我们可以向樊登老师学习觉察力,教育的时候出错没关系,能及时察觉并调整就好。

5 岁男孩特别爱在浴室玩水，怎么说都不听，怎么办？

5 岁的玄玄特别爱玩水，洗澡的时候能在浴室里待两个多小时，平时没事也爱待在浴室里放水玩。父母不想浪费水，而且也担心孩子弄湿衣服着凉，因为这个事，打骂过他好几次，每次他都哭着认错，但好不了一段时间，他又会犯错，继续玩水。这种情况，父母怎么说玄玄才会听呢？

说一句顶一万句，
家有爱顶嘴的小话痨，怎么办

请保护好那个爱顶嘴的男孩，引导他长成
最有力量的自己

爱顶嘴的男孩每次写作业，都能把父母"逼疯"

赫赫父母每天最怕的事，就是陪儿子写作业，这个
"小祖宗"不但做作业磨蹭，还爱顶嘴，父母指点他一句，
他能马上回嘴十句。

这不，先是爸爸陪写，爸爸指出："你认真点，你看
'春'字，下面是个'日'字，你怎么写成'目'字了？"

116

就这么一句话，赫赫又顶嘴了："写作业还不能出现点小错误了？你看看你每天抽烟喝饮料，我管过你吗？你每天管我管得那么严，我怎么能心情好？心情不好我怎么好好写作业？"

爸爸实在受不了："闭嘴，马上给我写。"赫赫："你看，你还不给人说话的机会，进公安局的犯人还能辩护呢。"几个回合下来，爸爸败阵，换妈妈上场，妈妈点出赫赫做作业实在太慢了："你这就十几个字，写了两个小时吧？"赫赫还懂得讽刺，怼得更快："十个小时。"

妈妈忍住脾气："十个小时你还睡觉吗？还写什么作业？"妈妈刚说这一句，赫赫马上又扯到别的事："你做饭为啥那么慢，你要是快，我早就写完了，早就看电视了，谁那么磨磨唧唧呢？"

总之，家有爱顶嘴的小话痨，父母不是被气笑就是被气崩溃，每场交战都需要花费大量的时间精力先进行一场"辩论赛"，心脏总在遭受打击。

在一项"父母最讨厌孩子的什么行为"调查中，75%的家长选择了"顶嘴"。只能说，家有爱顶嘴的孩子，父母

实在伤不起，也因此，好多父母都希望自己能拥有一个乖巧听话的孩子。问题是，如果父母不允许孩子顶嘴，就很容易导致孩子出现叛逆、拒绝沟通等状况，甚至会给孩子造成不可逆转的心理伤害。

卡夫卡是奥地利著名的作家，他很有才华，但性格古怪，有很多心理问题，他曾 3 次订婚，3 次解除婚约。卡夫卡的心理疾病，肯定受很多事情的影响，但追根溯源，是因为他和爸爸的关系很不好，他的爸爸非常可怕地阻断了他"表达自我"和"亲子沟通"的途径。

父亲在卡夫卡还很小的时候，就命令他"不许顶嘴"，否则就"把他像鱼一样撕碎"。后来，卡夫卡写了封 3.5 万字的控诉信《致父亲》，里面写道："我写作时不过是在哭诉我无法扑在你怀里哭诉的话。"

美国弗吉尼亚大学的一项研究显示：会顶嘴的孩子，长大后更善于调解情绪，而且，同等教育条件下，会顶嘴的孩子，长大后更不容易养成喝酒、抽烟等不良习惯。很显然，在父亲的严苛下，卡夫卡把情绪压在心中，身心备受摧残，惧怕与外在产生联结，这也间接促发了他的诸多心理问题。

可见，孩子顶嘴，父母越用权威镇压，孩子越容易拧巴。事实上，爱顶嘴的男孩更有优势。教育专家海蓝曾说："家有顶嘴的孩子有优势，一是说明这个家庭氛围开明，二是孩子有非常强烈的独立思考的能力，才能顶到父母的痛处。"

曾有人做过一项实验，将2~5岁的孩子分成两组，一组孩子反抗性强，一组孩子反抗性较弱，研究人员一直跟踪观察他们到青年期，结果发现：在儿童期有反抗倾向的人中，84%的人意志坚强，有主见，有独立分析、判断事物和做决定的能力；而没有反抗倾向的人中，多达74%的人遇事不能做决定，不能独立承担责任。

因为在男孩大脑中，连接左右半球的神经纤维束胼胝体比女孩要小，所以男孩在表达感受时会觉得更加困难。在这种前提下，男孩顶嘴确实是个"惊喜"。

这样看来，顶嘴好处这么多，父母是不是要由着男孩顶嘴？不，具体问题具体分析，凡事都要注意度。父母怎样能不被"气出心脏病"又引导孩子在"顶嘴"里更好地成长呢？我们从以下三个方面来分享。

必须遵守规则

虽然顶嘴好处多，但孩子必须遵守规则，且没有任何商量的余地。

闺密曾经和我抱怨，说她差点被 6 岁的儿子"气死"，起因就是，她儿子非要在沙发上蹦跳，她给儿子讲道理："沙发容易坏，而且制造出的噪声会影响楼下，导致楼下邻居意见很大。"

就这么一句话，马上被儿子反驳："你不是让我多运动吗？现在我运动你又不让，再说是我重要还是沙发重要，沙发坏了有什么要紧？邻居只是你的邻居，你不老说我是你的心肝宝贝，跳几下沙发都不行？"

因为这件事情，母子俩辩论了一下午，把闺密气得够呛。其实，涉及必须遵守规则的时候，比如危险的事、没有礼貌的事、容易造成破坏的事，没有必要和孩子争辩，面对孩子的顶嘴，父母必须语气坚定，大声严厉地提要求："沙发不是用来跳的！"要求男孩马上停止，如果男孩继续，严肃把他抱走即可。

没有规矩不成方圆，爱顶嘴优势再多，也必须在规则之下，这是父母必须灌输给男孩的思想。当然，家里的规则，可以由父母和孩子一起制定。

不涉及规则的前提下，接纳顶嘴，保持顺畅亲子沟通

我儿子在某些方面也是很爱顶嘴的，但很多时候，我还被怼得挺高兴的，因为在我看来，他的一些顶嘴，显得情商很高，而且很有意思。

有一回，我和我儿子在路上走，遇到他的同学，他的同学大声叫他的名字，他好像没听到一样不搭理，我赶紧替他回应："你好啊。"

回到家后，我批评他没礼貌："同学跟你打招呼，你怎么能不回应呢？这是起码的礼貌呀。"他那时候5岁多，但识字量很大，其实知道"起码"的含义，但他故意曲解："妈妈，为什么我要骑马呀？"

我深吸一口气，耐住性子讲道理："你知道我说的不是这个'骑马'，这个'起码'是我们至少要做到……"我正开动脑筋，给他旁征博引讲案例，他打断我说："妈，你别说了，都打扰我思考了，我正在想怎么让你开心呢。"

这……我当时一口气卡在胸口，上也上不来下也下不去，想到他没有礼貌还意识不到自己的错误，我觉得挺生气的，可被他这样一奉承，我又挺开心的。不管怎样，他说到这个地步，我们自然无法再上"思想政治课"。我后来思考，我可以在别的地方给他补上礼貌这一课，但在我们当时的谈话中，我是可以肯定他的反应的。世界很大，我们会遇到各种各样的人和事，如果他能通过这样的方式去灵活应对外界的批评，我觉得挺不错的，作为父母，我应该尊重并且支持。

用"家庭美好时光座谈"，开发出爱顶嘴男孩的更多优势

爱顶嘴的男孩之所以优势多，是因为他脑子活，思维逻辑清晰，做事很有主见，态度很坚定，这些都是非常好的优势，也是领导潜能。这种情况下，父母可以主动给爱顶嘴的男孩提供表现和锻炼的机会，把一些没有意义的顶嘴引导成有思考的反驳。

特别为大家推荐"家庭美好时光座谈"活动，当然这只是形式之一，大家可以根据各自家庭的情况，开展更多更好玩的活动，为男孩提供更多锻炼的机会。

"家庭美好时光座谈"活动策划方案

名称	家庭美好时光座谈
目的	营造平等、和谐的家庭氛围，增强家人亲密感和合作感，让家庭成员学会合作、负责任、协调、表达、互相尊重等，通过鼓励和达成协议来解决问题
对象	所有家庭成员
时间	每周一次，安排固定时间，每次 30 ~ 60 分钟
环境	家里可供安静开会的场所
原则	接受所有人的发言，不批评，不否定，不指责
步骤	1. 自荐会议角色，包括主持人、记录人、计时人，全家协商安排时间 2. 确定流程，包括但不限于每个环节设定好时间并计时

续表

感恩	每个人向其他家庭成员说一句感谢或感恩的话
回顾	上周会议是否执行？是否有未完结的讨论？以及每个人做得好的地方
讨论本周选题	提出全家最关心、最希望解决的问题，家庭成员通过头脑风暴的方式进行分享、讨论，并列出结果和计划清单
家庭娱乐活动	可以一起分享美食，一起唱歌，玩游戏等
计划周末出行	家庭全员讨论并计划，分派任务
确定下周会议角色	自荐

在固定的家庭美好时光里，首先父母可以引导男孩轮流尝试每一个会议角色，体会不同角色带给自身的责任感；其次，通过固定的环节和时间，将男孩顶嘴的行为"固定"住，让男孩思考如何在有限的时间里，清晰有力地表达自己的观点。

在这样民主讨论的氛围中，男孩可以逐渐理解，没有意义的顶嘴没有价值，以及如何既顾全大局，又能在规则制度里，让问题得到最好的解决。通过这样的刻意练习，父母可以针对性地引导男孩更好地发挥出其优势。

有一档亲子综艺节目，里面有个叫小宝的男孩，顶嘴技术一流，他的爸爸和他沟通时，总要提醒自己不要被儿子气到。有一回，小宝在练小提琴，爸爸批评他拉琴的位置不对，他怼爸爸："那你给我贴上标签啊。"

这句话，让爸爸气得不行，而爸爸之所以这么气，是因为爸爸不会拉小提琴，只能旁观给些意见，完全没办法贴标签。爸爸认为儿子这是给自己的痛点撒盐。

后来，为了对付这个"主意多爱顶嘴"的男孩，父母就采用了和"家庭美好时光座谈"类似的民主会议，大家就具体问题尽情表达观点。

爸爸妈妈提到小宝顶嘴伤人的事，小宝解释："因为我觉得你们说得不对，所以我不觉得我在怼你们。"然后，小宝举例说明他为什么顶嘴爸爸："爸爸老是给别人提问题，但总忽略自己的问题，比如小提琴，爸爸不会，是教不好孩子的。"就这些事情，一家三口各抒己见，充分表达，最后

汇总出大家都同意的解决方法。

对于这样的民主会议，在综艺中的教育专家非常赞赏，表示这是非常好的引导男孩多表达的方式。当然，选择什么形式让男孩多表达并不难，最难的，是转变我们做父母的态度，做到真正地尊重孩子，不把男孩的顶嘴当作一个问题来纠正，放弃"我是父母我一定正确"的想法，引导男孩多思考，多进步。

父母对待孩子顶嘴的方式里，藏着孩子与未来交手的样子。德国儿童心理学家认为，能够同父母进行真正争辩的儿童，以后会更自信，更有创造力和合群。请接纳并引导好那个爱顶嘴的男孩，助他长成最有力量的自己。

思考：怎样策划你家的"家庭美好时光座谈"？

代替惩罚的 3 个办法，
用尊重引导出男孩心里的"男子汉"

惩罚会让男孩的内心越来越脆弱，
尊重能让男孩茁壮成长

没有安全感的男孩背后，一定有使用错误惩罚方式的父母

当全职妈妈的第二三年，是我整体状态最差的时候，养育的生理劳累还可以克服，但内心的无助、迷茫、焦虑经常排山倒海般涌来，无情地碾压我的身心，这种状态反映到育儿上，就是我非常的情绪化，以及惩罚孩子随意化。

比如，我儿子喜欢玩水。如果那天我心情好，我就会允许他玩；如果那天我心情不好，我就会严厉批评他，他自然会哭，由此引发我更大的愤怒，情绪崩溃的时候，我甚至会打骂他。换句话说，我其实不是因为孩子做错事而惩罚他，而是借着他的行为发泄我的情绪。这种状态非常糟糕，会让我更讨厌自己，但我又无法克制，导致恶性循环，引起更大的情绪问题。

我儿子那几年受的伤害非常大，首先，是他缺乏安全感，他不知道妈妈什么时候因为什么就会突然生气。其次，他对对错缺乏评判标准，完全以妈妈的心情为导向，这就很容易让他对秩序产生混乱感。直到现在，我在电脑上打出这些字，心里都扎心地痛，我很后悔那些年对孩子造成的伤害，也花了很长时间才克服这种内疚感，开始学习科学育儿，逐步弥补孩子的伤痛。

相比之下，我的丈夫比我理智，他一直是个情绪稳定的人，但他的育儿方式很老套，惩罚方式就是"打"，他有一个很明确的标准，"你做错了事，爸爸就要惩罚你"。比如我儿子打了人还不愿意认错，他就会象征性地通过打手或者打屁股的形式去惩罚。

虽然，"打"是不可取的一种教育方式，但有标准的"打"也比我毫无章法、单纯发泄情绪的惩罚要更有效。那时候，我儿子非常认可这种方式，他经常表达："我妈妈会打我，我爸爸不会，我犯错的时候他会惩罚我，但从来不会打我。"

但很快，爸爸的惩罚开始失效，我儿子从4岁开始，非常抗拒"打"，每次犯错，他会拒绝沟通，也不愿意认错，但会非常明确地表示："不要打我，打是没有用的，你们越打，我越害怕，就越不知道为什么错。"

庆幸的是，随着孩子长大，我的能量也在增强，意识到情绪问题的我，陆续学习各种教育学知识、心理学知识，先后考取了教师资格证、国际鼓励咨询师证、家庭教育指导师、青少年心理健康指导师，我慢慢意识到：男孩犯错本身不算问题，但如果父母的应对方式不对，问题反而会成隐患，严重伤害男孩身心，更破坏亲子关系。

那么，当男孩犯错，父母怎么应对，才能既让男孩知道错，又能引导男孩发挥主观能动性，在错误里成长呢？我和大家分享3个办法，这些年，我就是通过这些办法，慢慢把我儿子的安全感重新补足，帮助他在"小错误"里"大进步"。

用"自然后果"引导男孩学会承担

"自然后果法"是法国著名教育家卢梭提出的教育方法，卢梭主张：应该让孩子们从自身的行为和教训中去汲取经验，以后果来引导孩子自觉地朝正向发展。

"自然后果法"好用，但在实操过程中，很容易被曲解。比如，孩子期末考试没考及格，父母就会非常生气，取消说好的娱乐活动："因为你不好好学习，所以没有资格出去玩，这是对你的惩罚。"

实际上，不好好学习——考试没考好——不去旅游，完全和自然后果无关，而且还会破坏亲子关系，孩子会认为：我学习好，父母才会爱我，我学习不好，父母就不爱我。爸爸妈妈的爱是带着条件的。亲子关系就会变成索取和交换的关系。

总之，不允许吃零食，不允许看电视，不允许出去玩，这些和父母心情有关的"惩罚"都是人为干预，并不是让孩子在生活中自然而然就能体验的后果，这类惩罚只会让男孩更加害怕自己不够好、不值得被爱。

怎样才是没有大人干预的自然后果？有一回，我在学校门口，遇见一位将"自然后果法"运用得非常好的妈妈。
那位妈妈和她儿子，在校门口僵持了很久，她儿子看上去
上三四年级，一直央求："妈妈，求你了，快来不及了，你
先去小卖部给我买一份吧，今天上课要用这套教具。"他的
妈妈态度非常温柔，一点都没因为男孩的焦急而生气，说
话始终轻声细语的，但是她非常坚定："妈妈提醒你很多次，
一定要检查书包，你每次都说检查过了，但事实证明你没有，
妈妈不会回家帮你拿，也不会临时给你买，你需要自己承担
丢三落四的后果。"后来，上课铃声响起，男孩急得哭出声来，
只能一跺脚冲进学校。我不由在心里给这位妈妈默默点赞。

孩子上学忘带教具，换作其他父母，或许会一边生气责
骂孩子，一边紧急帮孩子想补救措施，但这样一来，孩子就
不会把这事记在心里，他会想：骂就骂几句吧，反正有爸爸
妈妈帮我收拾残局。

而那位妈妈，她用温柔维护了男孩的情绪——妈妈没有
因为你忘记教具而生气，我爱你，我接纳你焦急的情绪；同
时，她用坚定的态度表达了自己的想法——但我不接纳你丢
三落四的行为，你需要为自己的行为承担责任。

忘记带教具—上课无法使用—被老师批评，这就是男

孩需要承担的自然后果，也是卢梭提倡的，让孩子们从丢三落四里取得经验，以后果来引导男孩自觉养成提前准备、检查书包的好习惯。

父母需要注意的是，选择让男孩承担自然后果时，要避开那些会对孩子造成身心伤害的选项，自然后果的目的不是惩罚，而是为了让男孩亲身体验后果，自觉养成习惯。所以，父母需要及时安抚男孩，引导他吃一堑长一智，承担起自己的责任。

用"共情沟通法"引导男孩养成解决问题的能力

孩子的一些习惯性问题，我们可以通过"自然后果法"让男孩学会对自己的行为负责，勇敢承担后果。但在一些无法使用"自然后果法"的问题上，父母用"共情沟通法"就非常合适，而且能促进男孩提高自我解决问题的能力。

"共情沟通法"的步骤很简单，和前面讲到的让男孩说出心里话有异曲同工之妙，当男孩犯错：

首先，按捺住想"批评"的心；

其次，共情男孩遇到的困境；

接着，表达作为父母的态度；

重点，平等商量讨论解决方法。

共情沟通法

有家长感到疑惑，这么简单能让男孩认识到自己的错误

吗？亲子专家尹建莉老师明确指出：每个孩子都是天性向善

又上进积极的，当父母给了孩子足够的尊重，他自己就会想要更好、更上进。

这四个步骤中，共情最为关键。毕竟，当男孩犯错，很多父母确实很容易心情浮躁，哪里还有情绪去思考孩子的心理？所以，"共情沟通法"适合在父母心态平和的时候运用，如果男孩犯了错，父母在当下无法平静地帮孩子解决问题，那么建议父母和孩子各自冷静一下，等双方都平静下来再沟通。

我儿子读一年级的时候，课堂纪律不是很好，有一回放学，他被老师留堂，老师反馈，我儿子上课的时候，喜欢玩窗帘（他的位置在窗户旁），还自言自语，课堂上的行为也总比别人慢半拍。以我对他的了解，我猜测他大概率是在走神，在自说自话模仿奥特曼。

我当下非常生气，既不满意他上课不认真，又气他让我丢脸，本能地就想直接怒吼他一顿。如果我当时真的那样做了，除了"教育他"，可能有很大一部分原因是在宣泄情绪，是为了维护我自己的面子。

于是，我冷静了很久，直到睡前，我能平静和他沟通时，才和他谈这件事。

妈妈："宝贝，你今天被老师留堂，妈妈很心疼的。"

怒气过后，我确实很心疼他被老师批评。儿子没有回应。

妈妈："我知道你上课上了一天，肯定很辛苦，会想放松一下，老师也说你最近的课堂纪律好了很多，坐得都比以前端正。"

我站在孩子的角度开始共情。

儿子的表情开始松动："真的吗？"

我点头："嗯，真的呀，你最近的字写得也很有进步，不过老师也说了，还有一些小缺点，你今天上课的时候是不是玩窗帘了，还自言自语？"

儿子有点不好意思："我想想啊，好像是。"

妈妈："你和妈妈说说，你为什么玩窗帘呀？"

儿子："我的位置靠窗帘太近了，风一吹，窗帘就到我这里来了，我就躲在窗帘里，妈妈，今天老师让我们想ABAC句式，自言自语就是在想ABAC句式的成语。"

妈妈："原来你是躲在窗帘里思考，那你为什么不举手回答呢？"

儿子："我想到一个，别的同学就说了一个，我又想到一个，别的同学就又说了一个，我心里还挺难受的。"

妈妈："原来是这样，要是老师知道你是在窗帘后面学习就好了，不过，上课有课堂纪律，你躲在窗帘里，老师确实会误会呢，这可怎么办？"

共情之后，我表态对这件事是不赞同的，引导孩子自己思考解决办法。

儿子："妈妈，我知道怎么办，我明天把凳子多移到我同桌那边一点，我告诉她原因，她不会介意我挪过去的，这样我就不会再碰到窗帘了。"

妈妈："这个方法很棒，那我们的课堂纪律会越来越好。"

儿子心情很愉悦地准备睡觉。

很显然，我儿子早知道上课玩窗帘是不对的，但一番交谈过后，他确认妈妈不会批评他，并且愿意站在他的角度去帮助他，于是，他自己想出了解决办法。这个过程还有个很有意义的地方是，父母可以和男孩针对具体的问题，制定出相应的规则，便于男孩在遇到同类问题时有据可依。

孩子在课堂纪律上出现了问题，是很有必要及时纠正的，但孩子的成长会遇到大大小小各种问题，比起遵守课堂纪律，我更想让他知道的是：问题不重要，重要的是，你要知道爸爸妈妈永远爱你，支持你，帮助你，我们一起寻找解决问题的办法，爸爸妈妈也相信你自己就有解决问题的能力。

用"尊重的态度"维护好男孩心里的"男子汉"

非常重要的一点是，不管是让男孩承担自然后果，还是和男孩进行共情沟通，父母都要做到尊重男孩。每个男孩心中都有个英雄梦，比如我儿子，他很期待成为奥特曼那样的英雄，怎么让男孩心里住着的"男子汉"茁壮成长？答案就是尊重。

在梦里成为一个英雄

事实上，不管是男孩还是女孩，都渴望父母无条件的爱，但男孩和女孩相比，显然女孩更能在"我爱你"里得到力量，而男孩更喜欢——我尊重你，这是有科学依据的，科学家发现尊重对男性而言极为重要，如果男性被迫在"孤独无爱地活在世上"与"卑怯没有尊严"这两种感觉之间做出选择的话，74%的男性宁愿放弃爱以保持尊严。拥有30余年家庭关系咨询经验的爱默生·艾格里奇博士认为：如果妈妈只能给儿子一样东西，那就给他尊重。

一位妈妈分享了她的故事。她儿子读三年级，有一回，学校组织学生参加一个画画比赛，孩子非常有画画天赋，妈妈自然很想让孩子参加并得奖，但不管妈妈怎么威逼利诱，男孩就是不愿意参加，而且死活不说理由。

妈妈很愤怒，气话脱口而出："你就是胆小，是不是怕画不好不能得奖？得奖当然好，但你要先勇敢尝试呀，你连尝试的勇气都没有。"孩子非常伤心，但始终没有解释，一连几天都心情低落，也拒绝和妈妈沟通。

后来，妈妈去做心理咨询，在专家的疏导下，她承认，她之所以想逼迫儿子去参加比赛，是想让儿子拿奖，虽然是为了让儿子获得更多好机会，但确实也是为了她自己的面子，她甚至连发朋友圈的内容都想好了，可这个过程，她唯独忽略了儿子，她一点都没有尊重儿子的想法。

那天，她主动和孩子沟通："画画比赛的事，很抱歉，这是你的事，妈妈不该一直干涉你，我尊重你的意见，你想参加就参加，不想参加肯定也有你的理由，你自己决定。"没想到，她刚说完这句话，儿子的眼泪就夺眶而出，更令人意外的是，那天晚上，孩子突然说："妈妈，我想好了，我还是去参加一下。"

很多时候，男孩并不是不懂事，他只是期待能自己做主并得到父母的支持，尤其是尊重，当他被尊重，情绪价值得到满足，他自然越来越懂事。父母对男孩的尊重，应该体现在方方面面，比如：

尊重男孩对独立的追求；尊重男孩对榜样的需求；尊重男孩对成就的渴望；尊重男孩对冒险的热爱；尊重男孩对竞争的热情；尊重男孩对公平和规则的高要求；尊重男孩对理性表达情感的方式。

男孩更在意的是获得"去世界闯荡"的能力，追求刺激和冒险，寻求成就和更强大的自己，这些因素，除了"爱"，更需要父母通过尊重让男孩获得，尤其在男孩犯了错时，父

母千万要注意，不要打着"为孩子好"而惩罚的借口伤害男孩的自尊心，引导男孩在错误里成长，是我们作为父母应尽的责任。与此同时，我们给予尊重，能让他获得更高的自我认可。

《养育男孩》一书，建议父母在指出男孩错误，或者对男孩不够尊重的情况下，可以这样清晰无误地对男孩说："对不起，我没能尊重你，你能原谅我吗？我并不是故意要伤你的自尊。我的本意是想纠正你的行为，而不是贬低你。我只是想帮你成为一个可敬的男子汉，我相信你会成为这样的男子汉。"

从小被尊重的男孩，能激发出更多的责任感和解决问题的能力，最终长成他自己希望的最有力量的样子。

7 岁男孩上课偷玩电话手表，父母怎样沟通比较好？

男孩石头刚买了电话手表，兴奋得不行，在和同学加好友时，发现手表里面竟然有各种游戏，很快他着了迷，平时在家，妈妈还会监督一下，但有一天上课外兴趣班，老师反馈，2 个小时的课程，石头玩电话手表玩了一个半小时，不管老师怎么引导批评，石头都没心思做手工，完全痴迷于电话手表。

思考：石头的这个问题可以用"自然后果法"吗？

如何用共情沟通的方式让石头自己意识到错误并提出解决办法？

"八大智能"了解你的男孩，因材施教帮他把优势发挥到最大化

了解男孩的先天智能，辅以针对性的后天培养，男孩的成长能事半功倍

7 岁男孩 4 年学了 10 种"兴趣"，结果无一特长

正正是个 7 岁的男孩，学习不错，形象也好，性格也活泼可爱，但令正正妈妈郁闷的是，正正没有任何特长！不管学校有什么活动，他永远没机会参加，唱歌不会，篮球不行，写字一般，英语只能蹦几个单词，小主持人连上台的机会都没有，画画还不错但不是比赛风格……

不知情的家长经常劝正正妈妈："你家孩子那么聪明，你送他去报几个兴趣班呗，现在学校要求高，没特长可不行。"听到这句话的正正妈妈心都在流血，因为，正正从2岁多就陆陆续续又忙忙碌碌上了各种兴趣班：英语、机器人、跆拳道、钢琴、画画、游泳、硬笔、编程、手工，早教课就连着上了三年……总之，从幼儿园开始，正正从周一到周日都奔波在各种兴趣班的路上。

为什么学了这么多，正正依旧没有特长？原来，正正妈妈觉得孩子小，没必要固定一个领域学习，她想让孩子多尝试一些领域，再挑选2～3个开始认真坚持。问题是，现在的兴趣课程都设计得非常有趣，除了枯燥的钢琴课以外，正正每个都很喜欢，又因为参加的课程太多，正正没办法在课后深入地学习了解，光凭一周一两节课的课堂学习表现，正正妈妈根本没法判断正正的"优势"。

这一拖，就到了小学，时间紧任务重，正正没办法再上这么多兴趣班，于是，母子俩商量留下了两个兴趣班，一个是画画，正正喜欢；一个是游泳，为了锻炼。

但上了一年级，正正妈妈才发现，正正的同班同学大多

都有特长，不是能参加围棋比赛，就是硬笔能得奖，还有会国画的，相比之下，正正什么都不会，游泳虽然也有比赛，但正正游得慢；相对来说，画画算是正正的特长，老师经常夸正正想象力丰富，色彩敏感度很强，但这些优势在参加比赛时完全发挥不出来……

正正妈妈特别发愁，一方面觉得是自己没安排好，把孩子给耽误了；另外一方面是，眼下孩子学习任务越来越重，她实在不知道该怎么集中力量培养正正的特长，是培养正正参加画画比赛，还是针对学校比赛去安排兴趣班。

其实，"怎么为男孩选择兴趣班"是很多父母的困扰，学篮球有利于长高，学围棋能锻炼专注力，学跆拳道便于自我保护，英语和硬笔必须学……这些说法都很有道理，但父母最容易忽略的是——根据男孩的实际情况因材施教。如何发现男孩的天赋？这里给大家推荐——多元智能理论。

多元智能理论是美国哈佛大学教育研究生院发展心理学家霍华德·加德纳提出的，他提出，人类最主要的智能至少有以下八种：言语—语言智能、逻辑—数理智能、视觉—空间智能、身体—动觉智能、音乐—节奏智能、交往—交流智能、自知—自省智能、自然观察智能。

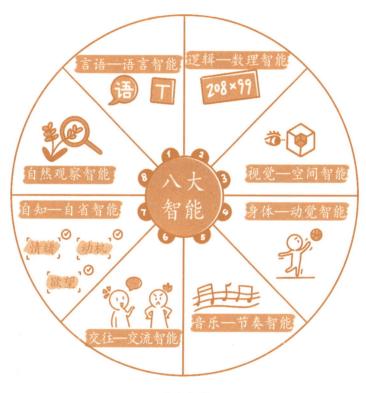

八大智能

加德纳认为，每个孩子都是聪明的孩子，只是他们的能力、天赋可能表现在不同的领域，我们评价孩子的能力时，不能只局限于传统的语言或数理逻辑，否则很多优势不在此的孩子将被严重低估、埋没和压抑。接下来，我们从三个方面，让大家了解八大智能。

八大智能对应八种不同类型的特质

I. 言语 — 语言智能

主要指能通过口头语言及文字，顺畅而高效地表达自己或者理解他人。具有语言智能特质的男孩，能在阅读、写作和沟通能力上发现优势，也比较能接受父母讲道理的教育方式。

2. 逻辑 — 数理智能

顾名思义，擅长数字运算和逻辑推理。具有数理智能特质的男孩，会对数字和推理特别敏感，尤其擅长和喜欢逻辑推理。

3. 视觉 — 空间智能

对色彩、线条、形状、空间的敏感性很高，能准确地感觉视觉空间，并很好地表达出来。具有空间智能特质的男孩空间感会很好，能精准把握视觉空间的结构，学习几何科目时会相对轻松，如果空间智能发育得不是太好的男孩，在初学写字的时候容易出现字大小不一、左右颠倒等现象。

4. 身体一动觉智能

能够很好地控制身体，擅长运动，非常懂得利用身体语言表达自己的思想和情绪。具有运动智能特质的男孩，很难安静下来，很难长时间坐着不动，习惯通过身体感觉来思考，喜欢手工和户外活动。

5. 音乐一节奏智能

对音乐节奏、音调和音色，及旋律非常敏感。具有音乐智能特质的男孩，在声乐上有天赋，对声音很敏感，非常适合听力型的学习方法。耳朵灵敏，但容易被声音影响，更需要独立的学习空间。

6. 交往一交流智能

能够敏锐高效地察觉他人的情绪和动机，并做出适宜的反应，与人相处和交往的能力非常强。拥有交流智能特质的男孩，普通人际交往能力强，朋友多，招人喜欢。

7. 自知一自省智能

自我认知能力非常强，能够正确认识和评价自身的情绪、动机、欲望，并在此基础上形成自律力。自省智能特质的男孩自律性非常强，且有自我反省和自我分析能力，是典型的"别人家的优秀孩子"。

8. 自然观察智能

对植物、动物等其他自然环境类的东西非常感兴趣，很懂得在自然里自得其乐。拥有自然观察智能特质的男孩，好奇心强烈，具备敏锐的观察力，对事物有特别的分类、辨别和记忆的方式。

一张表帮你检测男孩属于哪种智能

根据表中列出的各种智能特征逐行对照，在每项智能特征后面打钩，哪种智能特征表打钩最多即属于该类型。

言语—语言智能观察表

1. 善于编故事，喜欢讲故事	
2. 拼写方面高于同龄人	
3. 话语很多，能口语清晰地说明事情	
4. 记名字、地方和日期非常准确且不容易忘记	
5. 喜欢字、词之类的游戏，比如纵横字谜、拼字游戏等	
6. 与同龄的伙伴相比，词汇量大	

续表

7. 擅长用写作来表达自己的思维和想法	
8. 喜欢阅读，还喜欢通过研究来探索自己感兴趣的主题	

逻辑—数理智能观察表

1. 对数字敏感，对数学感兴趣	
2. 喜欢表格、图表和地图，喜欢对信息进行归纳和总结	
3. 非常擅长做心算数学题	
4. 喜欢逻辑性一类的谜语或难题	
5. 擅长理解抽象概念	
6. 喜欢有序的、逻辑性强的东西	
7. 喜欢做研究，找到事物的根源	
8. 喜欢下国际象棋、跳棋、围棋以及其他需要运用策略的游戏	

视觉—空间智能观察表

1.喜欢摆弄机械，能轻松拆卸各种简单的机械	
2.喜欢拼图、迷宫类游戏	
3.看地图、图表比看文字容易	
4.非常有方向感，很容易认路	
5.爱在书本、纸张或其他东西上随手涂画	
6.喜欢用图解或其他视觉材料来表达观点	
7.思考或回忆时，脑中有清晰的画像	
8.很容易看懂立体透视图	

身体—动觉智能观察表

1.有很强的平衡感，大运动方面的能力突出，能精确地完成各种身体动作	
2.喜欢各处走动，不停运动，精力旺盛	
3.喜欢扮演各种角色，戏剧表演能力强	
4.长时间坐着不动会焦躁不安	
5.喜欢通过触碰的方式学习东西	
6.能快速、轻松地掌握各种身体技能	

续表

7. 能很好地模仿他人的举止或者特殊风格	
8. 能积极地参与动手的学科活动，而不只是简单地听课或看书	

音乐—节奏智能观察表

1. 记乐曲很轻松	
2. 演奏乐器很轻松	
3. 能即兴演唱、演奏乐曲或作曲	
4. 说话或动作很有节奏感	
5. 对外界噪声很敏感	
6. 常无意识地哼唱或打节拍	
7. 在音乐方面表现出极大兴趣	
8. 生活中如果没有音乐会很无聊	

交往—交流智能观察表

1. 能敏锐觉察到别人的情绪和动机	
2. 喜欢团队运动大过个人运动	
3. 有较强的领导才能，很有说服力	
4. 喜欢帮助朋友，提供解决办法	
5. 与他人相处时很自然，很自信	
6. 社交能力强，很容易认识新朋友	
7. 喜欢和集体一起学习工作	
8. 不喜欢独处	

自知—自省智能观察表

1. 有非常清醒的自我认知，了解自己的优势和不足	
2. 很在意公平，对错有非常明确的标准	
3. 个性独立，意志非常坚定	
4. 独处时能安排好事情和学习计划	
5. 喜欢独立工作而不是合作	
6. 经常思考未来，有明确目标	

续表

7.非常自律，自控能力强	
8.能够清晰觉察自己的情绪并表达	

自然观察智能观察表

1.非常喜欢大自然	
2.喜欢看探索大自然等自然节目	
3.习惯观察天文	
4.愿意花时间观察动植物的生长	
5.能灵活应对不断变化的环境	
6.观察力强，敏锐又敏感	
7.能很快对信息和观点进行归纳总结	
8.能很快记住或辨识景物或生物	

父母当好观察员和分析员，因材施教事半功倍

需要注意的是：

❶ 八大智能检测只作为判断当下的依据，后天教育也会影响男孩。更精准的检测结果则需要进行专业测试。

❷ 学龄前的男孩可以由父母观察判断，学龄男孩可以自测。

❸ 男孩可能会同时出现几种智能特质。

了解八大智能后，父母首先需要做好观察员的工作，仔细观察男孩在哪一项智能上具备明确的特质。比如，发现男孩的运动智能特别明显，大动作和精细动作都比同龄孩子发展快，那么父母就可以为男孩选择"运动体能类"的课程，当然父母要多观察，多和老师沟通，了解孩子所处的阶段和习得的能力。与此同时，父母若发现男孩也具备语言智能，那么也可以同时为男孩选择"小主持人类"的语言课程，注意随时观察孩子的兴趣和知识掌握能力。

同理，如果父母发现男孩在某一项智能上出现比较明显的欠缺，比如某男孩空间智能的特质很低，原则上来说，越早发现越好，父母可以通过教男孩认路、辨别方向、走迷宫、拼图等空间游戏对孩子进行刻意练习；另外，学习画画也是一种很好地调节空间智能的方式，这一类智能的增长，可以帮助男孩更好地学习写字、几何科目。

其次，父母要做好分析员。准确来说，八大智能并不能帮助父母发现男孩的天赋，但能帮助父母挖掘男孩的优势，在针对性地为男孩选择合适的兴趣班之后，父母不但需要掌握孩子的学习情况，了解相关的专业内容，更需要帮男孩分析，如果男孩要把这个"兴趣"晋升到特长，晋升到专业，晋升到考级，父母就需要提前帮男孩分析以后是走"喜欢的特长"还是"专业的比赛"之路，并因材施教为男孩提供教育。

这里尤其要提醒父母们注意的是，不管男孩的优势在哪方面，都建议父母为男孩留下"运动科目"的时间。这是因为，首先，从生理结构来说，男孩的肌肉量比女孩多30%，男孩的红细胞数量也远远超过女孩的数量，父母必须给男孩安排更多的运动机会，让他发泄无处安放的精力；其次，运动不但能保持健康身体，更能在一定程度上控制抑郁情绪，好处多多。

教育部发布的《义务教育体育与健康课程标准（2022

年版)》也明确指出："体育与健康"课占总课时比例的
10% ～ 11%，超越外语成为小、初阶段第三大主科。

这时候，父母作为观察员和分析员的责任就重大了，父
母可以结合八大智能为男孩选择适合的运动科目，比如，可
以为交流智能强的男孩安排团队运动，如篮球、足球等；为
自省智能突出的男孩安排游泳、长跑等个人运动；这样既不
耽误运动健身，又能相辅相成地让男孩在智能优势方面获得
更多锻炼的机会。如果男孩运动智能很高，父母就需要分析
是否要走比赛加分或专业道路的可能性。

另外，八大智能还能帮助父母的一点是，在了解男孩智
能后，父母能"投其所好"，针对性地进行日常教育。比如，
虽然都是调皮的男孩，但我们会发现，具备语言智能特质的
男孩，相对来说会更服从管教，愿意听父母讲道理。但具备
动觉智能特质的男孩是不爱听父母讲道理的，这类男孩就必
须通过大量运动发泄精力，父母可以通过亲子运动促进亲子
关系。

具备数理智能特质的男孩从小就逻辑清晰，适合父母用
画重点的方式来教育。具备空间智能特质的男孩如果不理解
学习内容，就适合通过图画的方式进行解释，遇到亲子问题

时，父母写信留言会比语言沟通来得有效。

同理，父母一定要为具备交流智能特质的男孩多安排些团体活动，这类孩子是不喜欢窝在家的。而具备自然观察智能特质的男孩，父母则可以多带去大自然玩耍和学习，会比在家说教有效得多。

具备节奏智能特质的男孩因为耳朵灵，特别爱"管闲事"，且容易分心，父母就必须为这类男孩准备独立安静的学习空间，同时这类男孩会出现爱在课堂上聊天的情况，父母需要做好家校沟通。这类男孩通过大声朗读的学习方法来记忆，学习效果会非常好。

如果男孩具备自省智能特质，那就要恭喜父母，这类男孩就是典型的"别人家的孩子"，不太需要父母操心，父母只需要按要求提供学习材料即可。

以此类推，我们也就理解，为什么男孩与女孩不同，一胎与二胎不同，男孩与男孩也不同。因为不同的生理，不同的智能，和不同的后天教育，让每个孩子都以其独特的方式在成长，我们也就理解了为什么一个好的教育方法并不适合所有的孩子。所以，父母一定要做好观察员和分析员，具体问题具体分析，在了解男孩的实际情况后，为

男孩选择合适的兴趣班，为男孩量身定做最合适的教育方式和学习方式。这样就能相对轻松地、事半功倍地，帮助男孩以适合他的方式成长。

测评你家男孩的智能特质，思考适合他的教育方式。

第四章

别放纵男孩的习惯，那是帮助他构建"与世界交手"的格局

孩子不吃饭？慎重！
这是男孩与父母的第一次心理博弈

别强迫孩子吃饭，这是最容易两败俱伤的事情

4 岁男孩每次吃饭，都把家里弄得鸡飞狗跳

每到饭点，就是小宇家最鸡飞狗跳的时候。小宇已经 4 岁了，但身高体重都不达标，比别人家 3 岁的孩子看着还小。为了让小宇多吃几口饭，一家人使出了浑身解数，有时候是爷爷跳舞，有时候是奶奶唱歌，要不然就是爸爸驮着"骑马"，妈妈跟在后面赶紧喂小宇吃饭。

最夸张的时候，小宇吃饭竟然迷上了坐电梯。他拿

着玩具敲打电梯按钮，把每层都按亮，每停一层就下去蹦跶，他的奶奶端着饭拿着勺，愁眉苦脸地跟在小宇身后，劝道："小宇啊，先吃一口饭啊，可别饿坏了。"邻居实在看不过，劝奶奶："饿他几顿就老实了。"奶奶心疼："本来就不长个，再不吃饭就更不长了。"

不好好吃饭，爱这样瞎折腾的孩子，你熟悉吗？滑滑梯和摇摇马边上，经常有拿着食物跟在孩子身后的家长，他们就盼着孩子玩尽兴了，可以顺利地塞一口馒头或面包给孩子；而那些在家吃饭的孩子，也有很多是要开着电视、拿着玩具，爷爷哄完奶奶哄，这边吐来那边丢，才能吃完饭。一顿饭吃几个小时，折腾得全家人仰马翻。

我们会发现，不好好吃饭的孩子背后，总有一群焦虑又独断的父母。为了让孩子多吃点饭，他们会选择用威逼利诱的方式，殊不知，父母越逼迫，孩子越不爱吃饭。更可怕的是，还可能会把孩子培养成不断试探父母底线的"小恶魔"。

美国著名儿科医生、心理学家本杰明·斯巴克对孩子不吃饭这一问题阐述得很透彻：为什么有那么多的孩子吃不下东西？主要原因是喜欢催逼孩子吃饭的父母也不少。

斯巴克在他的《新育儿百科全书》中介绍："每个儿童生来就有一套自行调节进食数量和种类、满足正常成长发育需要的精妙的生理机制。"也就是说，吃饭是孩子自然掌握的天性，完全不需要逼迫。

斯巴克还介绍："儿童有一种被逼急了就要顶牛的本能。吃东西要是吃得不高兴，下次见了就更讨厌。催逼儿童吃饭是无益的，反而会进一步破坏孩子的食欲，使之长期得不到复原。"

简单来说，父母越逼迫男孩吃饭，孩子越抗拒！甚至，男孩会一次比一次折腾出更过分的花样，去试探父母的底线在哪里。当他发现，不管他怎么折腾，父母总会想方设法满足他时，"强迫吃饭"就变成了孩子与父母"你输我赢"的一场心理博弈。

到那个时候，男孩的问题就远远不止是不吃饭那么简单了，或许，他会因为要新玩具而在大庭广众之下撒泼打滚；他可能会因为父母没有满足他的要求而号啕大哭；他也可能会因为外人没有配合他的步调而暴怒狂躁。直到有一天，他变成无理取闹、刁蛮任性的"熊孩子"，父母会疑惑，为什么自己为孩子付出那么多，还会培养出个"熊孩子"？

其实，孩子的一切，都是由父母塑造的。遇到问题，父

母如何对待，孩子就如何成长。即便忧心忡忡，父母也必须要明白，探究孩子不吃饭的原因，找到解决的对策才是根本。孩子不吃饭看似是小事，其实是家长和孩子的第一次心理博弈。事实上，如果父母能掌握三个"心"，就会发现，孩子不吃饭家长真的没必要那么发愁。

父母放宽心，男孩其实并不需要那么多的食物

很多父母揪心孩子吃得少。尤其是男孩，运动量大，吃得却少，这怎么长身体？

美国儿科学会第六版《育儿百科》里明确指出：

"孩子1岁之后，每天需要大约1000卡的热量来满足其成长发育、能力和营养需求。"即便孩子到4岁，每天需要的热量也就在900 ～ 1500卡。如果你曾经吃过1000卡热量的食物，就会知道那其实并不多。将这些食物分成三顿正餐和两顿点心，对孩子来说已经足够了。

"而且，孩子饮食习惯多变，且无法预料。他可能在早饭的时候，一下吃光面前所有的食物，但是在其他时间拒绝吃任何食物；或者他可能连续几天都只吃自己喜欢的食物，但在

接下来的一两天内，吃得明显过多或者过少。孩子对热量的需求会变化，主要取决于他的活动量、成长速度及新陈代谢。"

孩子是不会骗人的，饿了的时候，他食量惊人，但他不饿的时候，父母就算绞尽脑汁也没办法多塞一口食物进去。但这些都不要紧，他是不会让自己饿着的，体重也基本上不会下降。权威育儿专家经过科学实践证明，这是大多数孩子的正常表现，父母完全可以放宽心。

当然，很多父母也会疑惑，把吃饭的主动权交回给男孩之前，要为他准备多少食物呢？儿童营养学有一个"手掌法则"，非常简单可实操。

手掌法则，是指用一只手判断适合个人的食物用量：

每天的主粮约 2 ~ 3 个拳头大小；

每天的肉类约 1 个掌心大小；

每天的蔬菜约 2 捧大小；

每天的水果约 1 个拳头大小。

以小宇为例，奶奶每次总要强塞下一碗米饭给小宇，才觉得他能吃饱，但事实上，用手掌法则衡量，可以知道，小宇每餐吃 1 个拳头大小的主粮就够了。

所以，父母不要再焦虑男孩动得多吃得少了，他真的不

需要"父母觉得他饿",不过,父母需要注意的是,如果孩子厌食超过 1 周,或者出现了诸如发热、痢疾或者体重下降,长时间身高体重不增长等症状时,则需要带孩子去看医生。

3 ~ 15 岁儿童体格发育调查数据

3 ~ 15 岁男孩身高				3 ~ 15 岁女孩身高				
年龄	身高（cm）			年龄	身高（cm）			
	矮小	偏瘦	标准	超高		矮小	偏瘦	标准	超高
3 岁	91.3	95.0	98.8	102.7	3 岁	90.2	93.8	97.6	101.4
4 岁	98.3	102.2	106.1	110.8	4 岁	97.4	101.2	105.1	109
5 岁	107.8	110.4	113.3	116.2	5 岁	106.8	109.3	112.2	115.1
6 岁	113.8	116.6	119.7	122.9	6 岁	112.8	115.5	118.6	121.7
7 岁	119.6	122.6	126	129.4	7 岁	118.2	121.2	124.5	127.9
8 岁	125.1	128.3	132	135.7	8 岁	123.6	126.9	130.5	134.1
9 岁	130	133.4	137.4	141.3	9 岁	128.7	132.2	136.1	140
10 岁	134.3	138	142.2	146.4	10 岁	134.1	137.9	142.1	146.4
11 岁	138.8	142.8	147.3	151.9	11 岁	140.2	144.2	148.6	153.1
12 岁	144.5	149	153.9	159	12 岁	146.1	150	154.4	158.7
13 岁	151.6	156.3	161.5	166.8	13 岁	150.6	154.2	158.3	162.3
14 岁	158.7	163	167.9	172.7	14 岁	153.3	156.8	160.6	164.4
15 岁	163.1	167.4	171.8	176.2	15 岁	154.8	158.1	161.8	165.5

注：根据九省 / 市儿童体格发育调查数据研究制定（2021 年） 参考文献：中华儿科杂志

父母多费心，为男孩多准备营养丰富的食物

当然，并不是说，男孩吃得少，父母就撒手不管，放任自由。不管孩子吃不吃，父母依旧要多费心，认真准备一日三餐。我就在这方面吃过大亏。我是个"厨渣"，加上事情多容易累，就很喜欢点外卖或者吃零食，时间久了，就导致我儿子非常偏食，他酷爱汉堡、牛排等重口味的食物，吃这类食物，饭量比成人还大，而一旦吃家常菜，他就吃得又少又挑，"如何让他多吃点"一度是我家长辈很操心的问题。

我倒不担心孩子吃多吃少，毕竟他自己知道饱饿，但我知道我和他都需要健康的饮食习惯。《育儿百科》中也指出："如果父母每顿饭都给孩子提供许多可以选择的健康食物，不逼迫孩子吃特定的食物，那么孩子的饮食在几天内就会达到平衡。"

事实上，所有的父母都知道要为孩子提供健康的饮食，但每顿饭都为孩子提供许多可选择的健康食物，并不是一件容易的事，直到我学习了儿童辅食专家苏蒂小骑的"食物菜单——每天为孩子准备54321种食物"：5指5种蔬菜，4指4种主食，3指3种肉类，2指2种水果，1指1种奶类。

167

这么多种食物，每天买菜做饭得花多少时间？其实，若掌握了高效快捷的烹饪方法，一天准备15种食材并不会给我们带来多少负担。

比如，我们在准备主食时，除了大米，还可以放入一些黑米、小麦、黄米，混合着吃；熬排骨汤的时候，可以同时放胡萝卜和玉米，一下就有了三种食材；准备炒菜的时候，可以把虾仁、胡萝卜、西兰花或花菜炒在一起，营养绝对全面；还可以把猪肉、虾肉、胡萝卜、西兰花切成沫，拌上鸡蛋和面粉，煎一个有肉有蔬菜的早餐饼。

做饭的时候多搭配几种食材，我们就能保证健康饮食的全面性。当然，在这个过程中，父母要调整好心态——不断告诉自己，做不做是我的心，孩子吃不吃是他的事。

父母多用心，让男孩多参与做饭

值得注意的一点是，吃饭一定要愉悦，让男孩有自主权，千万不要唠叨。有一段时间，我妈妈来我家，每到饭点她一定会唠叨："你快吃鱼，你不吃我就不高兴，你不吃肯定长不高，怪不得这么瘦，还说要当科学家，肯定当不上。"说实话，我在旁边听到这样的话，也觉得很压抑，有种被迫感，我本来想尝点鱼的，也会不自觉地放下筷子，我儿子就更是，一旦被强迫，他就直接反抗。我们当然理解长辈的苦心，但男孩最不喜欢拘束，实在要劝说，我的建议是，凡事正面说："这鱼又香又嫩，吃了能长高，为你当科学家添砖加瓦。你试试？"

另外，与其在饭桌上劝吃，不如多花点时间，在饭前邀请孩子参与做饭。让男孩参与整个做饭环节，是能大大促进孩子的吃饭兴趣的。很多父母会觉得这是浪费时间，但是教育部发布的《义务教育劳动课程标准（2022年版）》明确指出，一年级的孩子就需要具备"烹饪与营养"技能。

更惊喜的一点在于，让孩子参与整个做饭环节，不亚于给孩子安排一场早教课程。

比如，买菜环节等于"生活课＋美术课＋认字课＋算数课＋沟通课"。

不管是去菜市场还是去超市，绿油油的青菜、红彤彤的西红柿、青翠的黄瓜、浓紫的茄子、活蹦乱跳的鱼、"横行霸道"的螃蟹和"耀武扬威"的虾……这些都可以让孩子认识生活，学习颜色，在父母的引导下，学习对应的名称和价

钱，观察父母询问价格和买卖的方式。只要有心，生活处处是课堂。

做饭环节等于"精细动作锻炼 + 手脑眼协调能力锻炼"。

孩子从小锻炼手腕的力量，提升手指的精细动作和手眼脑协调的能力是非常重要的，不但能够促进孩子的大脑发展和身体发育，对孩子上学后掌握正确的写字姿势也非常重要。

很多父母不理解，这和写字有什么关系？其实，写字非常考验孩子的手眼脑协调，以及手腕力量和手指精细动作。很多一、二年级的孩子，如果掌握了写字方法，也认真学了，可还是写不好字，那就极有可能是因为他们手部的力量不够，缺乏手部训练。

我有一个朋友，她从小就让儿子一起帮着做简单的家务，比如包饺子、洗水果、榨果汁。她儿子 4 岁多的时候，就能非常熟练地使用手工果汁机榨果汁，那种榨汁机需要左手拿水果及固定住机器，右手旋转机器挤压水果，对手部灵活性、手腕力量和手指的精细动作有较高的要求，很多大人也未必能用得好，但朋友的孩子用得非常好。用得好有什么优势呢？他学什么都很快，尤其是和手部有关的技能，比如，搭积木、折纸、写字都是又好又快。

男孩全程参与做饭，付出的"责任"和"用心"会让他对吃饭的兴趣浓厚起来，另外，孩子动手参与做饭也会让他特别有成就感，吃起饭来就特别香。

我儿子嘴刁，但他参与做的饭，不管多"难吃"，他都会吃得很卖力。

他6岁时会做一个"拿手菜"——煎恐龙饼，做法很简单，把鸡蛋、奶酪、糖、火腿肠和各类蔬菜搅拌在一起，大概煎成恐龙的形状。每次我和他一起做这道菜的时候，我会给他准备各种食材，他就兴致勃勃地安排五六种食材，"指导"我怎么做好一块恐龙饼，在他看来，做恐龙饼是他的强项。实际上，他做出来的恐龙饼味道很一般，但他每次都会吃得一干二净，还很有成就感。

《器之美》一书中有这样一段话："快乐总要好过无趣，美味总要好过无味。即便是自己笨手笨脚做出来的一餐饭，只要铺上中意的桌布，用喜欢的碗盆盛装，就会觉得开心。"食物，并不只满足口欲，也不只为了饱腹，更在于让我们在品尝美食的过程中感受到当下的美好。

父母当然需要照顾孩子的吃喝拉撒，操心孩子的身体成长，但更重要的是，我们也需要关注孩子的心理健康，放

下父母"让孩子多吃"的执念，把主动权交回到孩子手里，我们只需要做好我们能做的，邀请孩子一起买菜，一起做饭，一起将食物摆成美美的形状，一起自由地、随心所欲地享受美食。当我们选择静待花开，或许男孩正在阳光下，汲取养分，长成参天大树！

思考：如何让男孩开心地参与做饭呢？

入睡晚哄睡难？
3招让男孩养成健康的睡眠习惯

培养健康的睡眠习惯，家长要关注男孩身体上的
疲倦，更要重视他心理上的平静

又一次让儿子哭着睡着，我真的不是好妈妈

"我现在好难过，今天晚上我又把我儿子凶了一顿，他哭哭啼啼睡着的，他一睡着我就后悔了，看着他熟睡的脸我真的很心疼，很讨厌自己，为什么要对他发脾气？可是，他真的也是好气人，每天晚上睡觉都很磨人，明明说好了9点睡觉，他总是找各种理由，一会儿要看书，

一会儿说肚子饿，一会儿非要我和他玩游戏，好不容易上了床关了灯，他又非要我去抱他，不管怎么折腾，他就是不睡。

有时候明明都哈欠连天了，他还非挣扎说：'我不是困，我只是想要你抱。'可就算我抱着他睡，他在床上也是翻来覆去地闹腾。最后，基本上就是我把他骂一顿，有时候还把他打一顿，他才哼哼唧唧去睡，等他真睡着，基本上都快 10 点、11 点了。我真是愁死了，他每天睡觉这么折腾，我晚上基本什么事都干不了。我更担心他这么晚睡影响身体，他才 8 岁啊，11 点睡这叫熬夜吧？还怎么长高？每天就睡七八个小时，白天哪里有精力学习？"

一位妈妈找到我，诉说了她的苦恼，她 8 岁的儿子今年上二年级，每天睡眠时长勉强 8 个小时，她儿子入睡时间又比较长，因为这事，他们家每天晚上都鸡飞狗跳。

你家也有这样睡觉难的男孩吗？

入睡晚，有些孩子甚至拖延到 11 点才能睡觉；入睡困难，每天晚上都要折腾一两个小时才能睡着；要陪睡，睡前总是喊妈妈，不是要抱就是要陪躺，妈妈不在身边再困都不睡；哄睡难，有些孩子更奇葩，在床上不睡，在车上兜几圈风才能慢慢睡着……

我们发现，但凡入睡晚的男孩，大概率会出现入睡难、哄睡难、要陪睡的问题，也就是说，这些问题是环环相扣的。更糟糕的是，孩子的睡眠状况会让父母产生极大的挫败感和焦虑感；反过来，父母的情绪又影响孩子睡得更晚，导致恶性循环。

除了苦恼让孩子入睡的教育方式，父母揪心的点更多在"孩子晚睡，睡眠时长不够，会不会导致长不高？会不会影响孩子的身体状况？会不会影响白天的精神状态？"这些点上。

培养男孩养成健康的睡眠习惯真的很重要，但在这之前，父母首先要放下焦虑，我们可以尝试从以下三个方面入手，帮助孩子好好睡觉。

别焦虑，规律作息，因人而异

入睡晚，会不会影响孩子生长发育？这个问题我们需要从两个方面解释。

1. 入睡晚，会影响孩子的身高

睡得早更容易长高，这涉及生长激素的分泌。《婴幼儿睡眠全书》提到："生长激素由脑腺垂体分泌，能促进生长发育，在人醒着时，生长激素的分泌量比睡眠时少，入睡30 ~ 40分钟后，分泌量急剧上升，进入深睡期时达到高峰，在其后的睡眠中，便缓慢下降。待第二次进入深睡眠，分泌量再次上升。在此后的几个睡眠周期中，分泌量不再上升。睡觉的时间推迟了，生长激素的分泌也随之向后推。正因如此，处于生长发育期的儿童和青少年更需要睡得早睡得足。"

2021年，教育部印发的《关于进一步加强中小学生睡眠管理工作的通知》提到：小学生就寝时间一般不晚于晚上9点20；初中生一般不晚于晚上10点；高中生一般不晚于晚上11点。所以，孩子早睡非常重要。

2. 睡眠时长不达标，未必会对身高有影响

关于睡眠时长，美国国家睡眠基金会制定了各年龄段的睡眠标准，分别是：

各年龄段的每日推荐睡眠时间表

各年龄段	每日推荐睡眠时间
新生儿（0 ~ 3 个月）	14 ~ 17 小时
婴儿（4 ~ 11 个月）	12 ~ 15 小时
幼童（1 ~ 2 岁）	11 ~ 14 小时
学龄前儿童（3 ~ 5 岁）	10 ~ 13 小时
学龄儿童（6 ~ 13 岁）	9 ~ 11 小时
青少年（14 ~ 17 岁）	8 ~ 10 小时

　　表格一目了然，父母可以根据孩子的年龄段，判断孩子的睡眠时长是否符合标准。值得注意的是，这些每日推荐时长是包含午睡时间的，当然，3 岁以上的孩子可以逐步减少午睡时间，提早晚上入睡时间，只要整体时长满足即可。

　　那么 6 岁的孩子睡眠时长只有 8 小时，会不会影响孩子的身高？答案是未必。标准是针对大部分群体的，但实际情况总是因人而异，有些孩子天生就需要很长的睡眠时间，但有些孩子并不需要那么多睡眠。

　　蒙台梭利在《童年的秘密》里提到："谁能毫不犹豫地断定儿童必须睡觉呢？如果我们观察到一个孩子非常机灵，

非常敏捷，那么他天生就不是一个'喜欢睡眠的人'，他需要正常的睡眠时间，这是必需的，不过还是有必要区分睡多长时间是合适的。"

轩轩就是一个不太喜欢睡觉的孩子，他5岁，在幼儿园读中班，最令人头疼的就是睡眠问题。他活泼好动，精力旺盛，中午从来不午睡，晚上入睡也晚，每天的睡眠时长不到9小时。幼儿园的老师为了不让他影响别的小朋友午休，中午会强行带他午睡，偶尔也能哄睡，但午睡成功的那天，轩轩晚上入睡就非常困难了，他能精神抖擞到晚上十一二点。

一开始，轩轩的爸爸妈妈也非常担心，想方设法让轩轩午睡，努力延长轩轩的睡眠时长，但他们发现，轩轩就是觉少的孩子，每天睡八九个小时，体力就非常好了，慢慢地，爸爸妈妈就没有再纠结过轩轩的睡眠时长问题。

那么，我们怎么判断孩子的睡眠时长是适合他的呢？儿童护理专家赵颐柳表示："孩子的睡眠时间因人而异，只要孩子睡眠有规律，睡醒后精力充沛，情绪稳定，食欲良好，其身高、体重在正常的范围内增长，就说明孩子没有睡眠不足。"

所以，只要孩子睡饱睡足，父母就不必纠结睡眠时长。

但是，太晚睡觉会影响孩子的成长发育，所以，父母务必培养孩子早睡的习惯！

要注意，动脑动体，充足放电

如何让入睡晚、入睡难的男孩，尽可能早睡？答案是，白天一定要给他们安排充足的运动量，有条件的话，每天至少安排 2 小时的户外运动。

很多父母疑惑："我家儿子每天都在外面玩几个小时，但精力依然很好，晚上就是不早睡呀，这是怎么回事？"

这就涉及父母是否给男孩安排合理的体能运动了。很多孩子虽然在户外的时间不短，但可能他们只是和伙伴们随意跑一跑，并没有足够的运动量而完全释放精力。

男孩的精力非常旺盛。《养育男孩》中提到："睾丸激素会对男孩的心情和精力造成影响，其影响力超过了生长激素，毫无疑问，这会使男孩精力旺盛，也会使他们变得狂躁。平均而言，男孩的肌肉量比女孩多 30%，男孩的身体更强壮，更适合运动；因此，我们必须给男孩更多的锻炼机会。"

那么，怎样的运动才能动脑又动体，帮助男孩充分放

电呢？

首都体育学院体育教育训练学院院长尹军教授专门做过说明："好的运动可以提高身体素质，也可以助力青少年拥有好睡眠，可以从平衡、协调、力量三个方面进行。

没有力量，人的免疫力就会下降，有氧运动可以帮助人提高呼吸功能、心肺功能和抗疲劳能力；平衡性、协调性练习，可以促进大脑发展，反过来，大脑皮层的发展可以促进平衡协调，防止出现平衡性弱、协调性弱等问题。从体育运动方面解决睡眠问题，有氧是主线、力量是关键，要均衡协调发展。"

可见，游泳、跑步、球类、徒步都是非常适合男孩的户外运动，我尤其推荐跳绳这项运动，不但户外户内都简单好实操，还能够促进男孩的手脚协调，是非常有效的感觉统合训练方式。

另外，为大家推荐国家体育总局体育运动科学研究所提供的"儿童青少年居家锻炼方案"，不管是运动形式还是频率，表格都有详细的说明。

儿童青少年居家锻炼方案（小学）

	类别	项目	组数和 重复次数	练习 地点
练习 内容 （小学）	力量性 练习	和家人比赛 掰手腕	左右手各3～5 次/组，2～3 组/天	客厅 走廊 阳台
		站立推墙	15～40次/组， 4～5组/天	
		半蹲起	15～30次/组， 3～6组/天	
		平板支撑	40～60秒/次， 2～3次/天	
	柔韧性 练习	双脚站立式 压腿	20～30秒/次， 3～4次/天	
		单脚支撑压腿	两腿交换进行， 2～3分/次， 3～4次/天	
		坐位体前屈	3～4次/天	
	平衡性 练习	单脚支撑平衡	20～30秒/次， 4～5次/天	

续表

	类别	项目	组数和 重复次数	练习 地点
练习 内容 （小学）	平衡性 练习	燕式平衡	10 ~ 20秒 / 次， 4 ~ 5次 / 天	客厅 走廊 阳台
		沿着客厅的地 面瓷砖 / 木地 板缝走	4 ~ 5次 / 天	
	多种形式 的跳绳	跳短绳	1分 / 组， 4 ~ 5组 / 天	
	趣味 游戏	套圈	自行安排次数	
		跳房子	自行安排次数	
		打"保龄球"	自行安排次数	

儿童青少年居家锻炼方案（初中）

	类别	项目	组数和重复次数	练习地点
练习内容（初中）	弹跳练习	弓步跳	15 ~ 20 次 / 组，3 组	客厅走廊阳台
		深蹲跳	15 ~ 20 次 / 组，3 组	
	力量练习	仰卧举腿	20 ~ 30 次 / 组，3 组	
		平板支撑	40 ~ 60 秒 / 组，3 组，组与组之间间歇不超过 30 秒	
		站立推墙	30 ~ 40 次 / 组，4 ~ 5 组 / 天	
	平衡性练习	单腿平衡练习	20 ~ 30 秒 / 组，2 ~ 3 组	
	柔韧练习	立位体前屈	根据自己情况适当选择练习时间及组数	
		坐位体前屈	根据自己情况适当选择练习时间及组数	

别忽略，内在需求，心理平静

如果男孩运动量足够，但依旧出现入睡难的情况，父母就需要警觉是不是忽略了男孩的内在需求。身体疲倦和心理平静缺一不可，男孩才能轻松入睡。

《精神分析治愈之道》一书中讲过一个很有意思的故事，号称德国"铁血宰相"的俾斯麦长期失眠，他尝试了很多方法都没有解决。直到他遇到施文宁格医生。

施文宁格医生的治疗方式非常别具一格，他只是每天在俾斯麦入睡前，陪伴在俾斯麦床边，默默守护俾斯麦入睡，又在第二天早上俾斯麦醒来前，早早守在床边。这样"治疗"了几天之后，俾斯麦的失眠奇迹般好了。

从心理学的角度分析施文宁格的做法，是让俾斯麦相信，就算他睡着了，也依然有一个稳定的、充满善意的客体在支持他，不会离他而去，这份稳定的客体，大大缓解了俾斯麦内在的不安全感，让他放下焦虑，内心平静地睡觉。

"陪伴在床边入睡""醒来一睁眼就看见"，这场景是不是像极了男孩闹着要妈妈陪睡的场景？俾斯麦的故事很好地解释了为什么"心理平静"才能睡眠安稳。同理，如果男孩在运动量充足的前提下，依旧难入睡，父母就需要考虑是不是平时给孩子"爱的供养"不太够？建议可以从以下两点进行哄睡。

1. 有规律的睡前仪式

固定的时间，固定的步骤，能让孩子接收到"要睡觉了"的信息，以及非常重要的一点是，"到什么时间做什么事"的规律作息能大大增加孩子的安全感，保持孩子的心理平静。

父母可以根据自家的实际情况制订睡前仪式，比如：

晚上 8 点是固定的洗澡时间；8 点半是固定的故事时间；9 点是关灯睡觉的时间。

日复一日坚持后，孩子也就习惯成自然，形成到点就去洗澡睡觉的好习惯。当然，针对入睡困难的孩子，父母也可以通过"睡前喝牛奶""睡前泡脚""睡前按摩"等让孩子轻松舒适的方式，帮助孩子更好地入眠。有必要提醒父母的是，让孩子心安的不是仪式本身，而是借由这些仪式，父母给予孩子的耐心陪伴。

2. 有爱心的睡前聊心

其实，睡前聊心和睡前亲子共读一样，也属于睡前仪式，但之所以单独把"睡前聊心"列出来，是因为，对入睡困难

的孩子来说，光有睡前仪式是不够的，他们更期待和父母进行"心"的沟通，尤其是上学压力大的男孩，在学校遇到的各种事或多或少给他们带来了压力，若他们无法表达出来，就只能积攒在心里，心里藏着事，他们自然在床上辗转反侧，睡不安稳，小一点的男孩就会闹着找妈妈。

所以，睡前花一点时间，和男孩随意聊聊，是非常有必要的。不知道聊什么的父母可以考虑以下几个话题：

找当天孩子的 5 个优点进行表扬；

和孩子一起找 5 件小事进行感恩；

聊一聊孩子当天遇到的难忘的事。

这样的睡前聊天能量非常大，能让男孩感受到"爸爸妈妈关心我在乎我爱我"，更能培养孩子关注温暖当下、学会感恩的积极心态。

我尤其要提醒父母，面对入睡困难的男孩，父母要放下焦躁和忧虑，平静地陪伴在他身边，因为，父母的情绪会直接影响孩子的情绪，这一点非常重要。

当男孩在父母的关怀中感受到爱与安全感，就会带着愉悦的心情安心入睡，睡眠质量也会很高，慢慢地，孩子也就能形成健康的睡眠习惯。

思考：你家宝贝是否带着愉悦的心情入睡？如果不是，是什么原因？如何解决？

总是爱拖拉？
这样让男孩成为时间管理小达人

孩子拖拉的背后，藏着没有时间观念的无奈

拖拉儿子，把妈妈逼成催促狂魔

朋友和我诉苦，说她情愿一天到晚上班，也不想回家管儿子。因为她家儿子涛涛实在太拖拉，每天早上她要催起床，催穿衣服，催刷牙，催吃饭，她儿子倒好，一边吃饭，一边优哉游哉看着漫画，她"一口老血"都要吐出来了："你故意作对吧？你看看现在几点了？上学都要迟到了，你还看漫画？"每次上学，涛涛都是踩着上课铃声进学校，妈妈着急得不行，涛涛却一点不在意。

涛涛下午放学回到家，她要催作业，催运动打卡，催吃饭，催洗澡，催睡觉，每个环节她都恨不得敲锣打鼓引起涛涛的注意，偏偏涛涛不以为然，永远一副不急不慢的模样，总之，和那个一说玩游戏就精神的急性子不是一个人似的。

一天下来，从早催到晚的妈妈很心累，她也想过办法，比如，给涛涛制定规则，涛涛喜欢玩电话手表，母子俩商量好每天做完作业可以玩15分钟，玩完之后再去做运动。涛涛也答应得好好的："妈妈，我一定会遵守规则。"一开始，确实有效，妈妈一说时间到，涛涛就会放下电话手表。

但很快，新的问题又出现了，妈妈必须严格管控规则，否则规则就形同虚设。有一回，她接了个工作电话，等她忙完，发现涛涛已经玩了半个多小时的电话手表，她一顿怒吼，涛涛还很茫然地解释："我以为还有时间呢。"

朋友很苦恼："我那儿子，就和那算珠一样，拨一下动一下，我这边气得都要爆炸了，他还和没事人似的，好像上学和做作业与他一点关系都没有。"

朋友的故事，形象地阐述了诸多家长的痛点，家长总是抱怨为什么孩子会那么拖拉，一点时间观念都没有。我们当然理解家长的苦心，但"不遵守时间拖拖拉拉"这件事，有时候还真不是学龄阶段孩子的主观意识，因为，时间管理这件事，和其他事情一样，需要方法练习，否则，很难自然而然学会。

如何引导男孩做好时间管理？为大家分享三个很实用的方法。

拖拉是因为不懂，家长要教男孩认识时间

如果不教，孩子确实有可能没有时间观念。《柔软的生命时光——生命的时间学》一书中有这样一段话："人是通过海马体记忆的，在两侧耳朵深处各有一个海马体，海马体受伤，就会失去时间感和记忆。海马体对一件事发出'要记忆'指令的次数越多，在事后回忆时，我们就会感觉时间过得越慢。小孩子对各种事物都感到新奇，海马体也频频发出记忆指令，所以小孩子就感觉一年的时间过得很慢。"

也就是说，孩子眼中的新鲜事多，所以他感觉不到时间

的流逝。父母规定每天只玩 15 分钟的游戏，对于 15 分钟这个时间，孩子是懵懂的。

小学生父母会知道，一年级上学期的数学，有一节课程是"认识钟表"，教孩子们认识简单的时钟，和"昨天""今天""明天"的概念。没有受过教育和训练的孩子，之所以会拖拉可能就是因为没有时间观念。

我们可以通过一些很好玩的亲子游戏，来认识时间。

1. 亲子手工游戏 —— 和孩子一起制作钟表

准备材料：彩笔，卡纸，剪刀，胶带

游戏目的：认识钟表、秒针、分针、时针

2. "拨闹钟" 亲子游戏

制作完手工钟表之后，我们可以和孩子玩"拨闹钟"游戏，可以以"快乐的一天"为例，父母发出"早上 7 点起床""中午 12 点吃饭""下午 3 点游戏""下午 6 点晚饭"等时间指令，让孩子根据指令拨动钟表；也可以由孩子发出时间指令，父母拨动钟表。这个游戏可以让孩子很直观地理解时间的概念。

3. "一分钟鼓掌" 感受时间游戏

在前面两个游戏的基础上，我们还可以和孩子玩"一

分钟鼓掌"游戏，定好 1 分钟的时长，让孩子不间断鼓掌，感受 1 分钟的长度。

这个游戏还可以衍生出"数秒"的游戏，父母可以带着孩子一起数秒针的移动，理解 60 秒就是一分钟。

同理，父母也可以通过"吃一个苹果需要多少时间？""吃一个冰激凌需要多少时间？"让孩子切身感受时间的概念。

父母多带着孩子做这样的练习，孩子慢慢就理解了"一寸光阴一寸金"的道理。

分辨轻重缓急，帮男孩制订计划

教孩子认识时间后，父母可以通过"帮孩子制订计划"的方式，教孩子管理时间。如何做好时间管理？《高效能人士的七个习惯》给出这样的答案："如何分辨轻重缓急与培养组织能力，是时间管理的精髓。"书中提出"时间管理矩阵"，将事情分为四个象限。

重要紧急：事情非常重要，时间非常紧急，必须今天完成。

重要不紧急：事情非常重要，但时间宽松可协调。

　　紧急不重要：时间紧急，事情并不重要，今天不做也没关系。

　　不紧急不重要：事情无关紧要，时间不急迫，什么时候做都可以。

时间管理矩阵

	紧急	不紧急
重要	I · 危机 · 迫切问题 · 在限定时间内必须完成的任务	II · 预防性措施、培育产能的活动 · 建立关系 · 明确新的发展机会 · 制订计划和休闲
不重要	III · 接待访客、某些电话 · 某些信件、某些报告 · 某些会议 · 迫切需要解决的事务 · 公共活动	IV · 琐碎忙碌的工作 · 某些信件 · 某些电话 · 消磨时间的活动 · 令人愉快的活动

《高效能人士的七个习惯》同时指出：高效能人士总是避免陷入第三和第四象限事务，因为不论是否紧急，这些事情都是不重要的，他们还通过花费更多时间在第二象限事务来减少第一象限事务的数量。

这个时间管理精髓非常棒，但对男孩来说略显复杂，在实操过程中，我们简化成"轻重缓急"，让孩子具备时间管理的思维即可。建议从一年级开始，父母通过以下三点引导男孩规划时间：

❶ 协商引导；

❷ 计划具体；

❸ 设置奖励。

首先，父母要帮助孩子理解"目标"和"轻重缓急"的概念。例如，今天必须做的事：语文默写、数学练习（学校布置，非常重要非常紧急），跳绳打卡、阅读打卡（家庭布置，重要不紧急），以及画画、搭积木等孩子自己想做的事。

接下来，父母需要教导孩子，按照优先等级，先完成学校布置的作业，再完成家庭布置的作业，男孩肯定会讨价还价要求玩游戏，这时候，父母就要协助男孩把计划具体化，鼓励孩子尽快完成作业，为自己多争取玩耍的自由时间。

为大家推荐一份"魔法时间表"，这个理念来自北师大科学与学习策略专家团队，他们认为，比起按时间点去固定孩子的任务，用这种表更能引导孩子自主性规划，用"魔法"的力量高效完成任务，拥有更多自由时间。

魔法时间表

任务 类型	计划完成 时间	开始 时间	结束 时间	总结 复盘
语文默写 （重要紧急）	30 分钟	18：00	18：40	1. 知识点全掌握 2. 玩橡皮走神 10 分钟 解决方案： 1. 自由活动时间减少 10 分钟 2. 走神时请妈妈提醒

任务 类型	计划完成 时间	开始 时间	结束 时间	总结 复盘
数学作业 （重要紧急）	40 分钟	19：00	19：20	1. 专注认真高效完成 2. 出现 2 个小错误 解决方案： 1. 自由活动时间增 加 20 分钟 2. 增加检查环节避 免粗心出错
自由活动	魔法 时间	魔法 时间	20：30	完成任务越快，拥 有的魔法时间越多 鼓励孩子高效管理， 日事日毕

　　男孩通过这张表可以自己计划完成任务的时间，并通过"开始时间"和"结束时间"的记录来关注自己的效率和专注力。重点是，父母要协助男孩在"总结"环节复盘男孩的优势、不足、掌握的知识点、未掌握的知识点、可进步

的空间……鼓励孩子专注高效完成作业，留下更多魔法时间做自己喜欢做的事。当然，男孩可能会提出一些疑问和意见，只要不违背"轻重缓急"的原则，父母完全可以把自主权交给男孩，并及时帮助男孩复盘。当孩子慢慢理解了时间管理的概念，就能很轻松升级出适合自己的时间计划。

当然，孩子不会一直积极，需要父母持续的鼓励和引导，这时候，为孩子设定"奖励"就显得尤其重要。像我儿子非常喜欢奥特曼，我们协商制订计划后，我每天监督他完成任务，每日完成后给他盖一个"表扬"印章，集齐7天表扬印章，则可以奖励他看一部《奥特曼》的电影，集齐1个月表扬印章，则可以奖励他一包奥特曼卡片。

因为计划和奖励，都是和男孩协商确定的，所以他的积极性非常高。当然，月度计划、周计划和日计划，可以根据实际情况，协商改进调整。重点是，父母需要持续跟进，做好孩子的"助推手"，帮助孩子学会时间管理和坚持。

我的一位学生CC，为她5岁的女儿设置了一个"英语打卡100天"的奖励，每天坚持英语打卡5分钟，可以得到一个非常漂亮的水晶杯。其实孩子过几天就没有兴趣了，但CC一直鼓励陪伴，到后来，这项打卡变成了孩子的"睡

前仪式"，不完成都不愿意睡觉，100 天后，孩子成功拿到了水晶杯。

对孩子来说，这份奖励意义非凡，不但让她获得了知识，更潜移默化懂得了时间管理和坚持的意义，而优秀的孩子背后，是优秀母亲的默默坚持。虽然男孩的配合度可能没有女孩那么高，但只要父母持之以恒，也一定能把男孩变成时间管理小达人。

把时间还给孩子，让男孩承担后果

教男孩认识时间，帮助他制订计划，引导他根据实际情况调整和适应之后，父母要接受一个更大的考验——让孩子自己承担自然的后果。

怎么理解呢？即便我们帮助孩子制订了时间规划表，约定好了早上 7 点起床，但在实际操作过程中，孩子总是会反复，也并未能真正认识"拖延"的后果，这个时候，我们就可以使用自然后果法。

"自然后果法"，我们在第三章专门解释过，这是法国教育家卢梭提出的一种教育方法，卢梭说："应该教会孩子从经验中取得教训，如果孩子有冒失的行为，你只需要让他碰到一些有形的障碍或受到由他的行为而产生的惩罚，就可以加以制止。"

《忍住！别插手！让孩子独立的自我管理课》里讲述了一个"自然后果法"的故事：住在美国的 A 女士，每天早上 8 点要开车送孩子们上学，但孩子们从来不着急，一直看电视，到临出门，才匆忙收拾东西。A 女士每天都要喊无数遍："快点！要迟到了！"但一点效果都没有。

厌烦了催促的 A 女士决定用实际行动让孩子明白，上学是他们自己的事情，时间也是他们自己的时间。她提前和孩子们说："妈妈再也不会催你们快一点了，但是，妈妈每天早上 8 点准时开车出门，知道了吗？"

孩子们当然回答知道了。但第二天，他们又把这事忘得一干二净，还是像往常一样磨磨蹭蹭。这一回，A 女士没有催促，一到 8 点，就准时开车走了。

孩子们目瞪口呆："啊，妈妈真的开车走了？"这下子，孩子们明白是怎么回事了。第二天，A 女士什么也没说，孩子们就以最快的速度完成准备工作，在 8 点之前准备好一切，准时跟着妈妈出门了。

让孩子自己承担"不能管理好时间"的自然后果，他会意识到时间管理的自主性，以及尊重别人时间的重要性。从小培养孩子的时间观念，引导孩子成为高效管理时间的小达人，会让孩子受益一生。

你的孩子会拖拉吗？思考一下孩子拖拉背后的原因。

一件被证明能够预言人生成功的事 ——
让男孩从小开始做家务

爱做家务的男孩，与不做家务的男孩，
可能拥有截然不同的人生

让男孩做家务太麻烦了，他会读书就行

寒假期间，学校开展了家务打卡活动，妈妈给鹏鹏安排了洗碗、扫地等简单的家务活，但鹏鹏每次都不愿意配合，没办法，为了完成任务，鹏鹏妈妈只好让鹏鹏拍了几张摆拍照，勉强交差。鹏鹏妈妈心里也很矛盾，一方面，她觉得孩子作业挺多的，做家务真的浪费时间，

再说鹏鹏是男孩子，她觉得没必要学做家务。

但另一方面，鹏鹏这衣来伸手、饭来张口，切好的水果都要送到嘴边才吃的个性，让她很担忧。有时候，她也会使唤鹏鹏做点简单的家务，如出门让鹏鹏顺便把垃圾带下去，可鹏鹏总是找各种借口，说"太重了""我来不及了"，她虽然生气但更多是无奈，也因事情太"小"，她并不怎么放在心上，总觉得孩子大了就会变好的。

直到班主任和她谈话："鹏鹏轮值打扫卫生，基本都扫不干净，垃圾袋也不会套，做完卫生，拖把扫把都乱丢，每次都需要老师和同学再返工。"班主任特别提醒她："不能光关注成绩，孩子的责任感也很重要，生活能力更不能忽略。"鹏鹏妈妈觉得很有压力，开始焦虑起来，实在不知如何是好。

其实，很多父母都和鹏鹏妈妈一样，并没有真正意识到孩子做家务的价值。被称为"华人管理教育第一人"的余世维老师讲过一件趣事，说他一位朋友的儿子，去伦敦读大学，有一天半夜突然打电话给妈妈："妈，热水器不热了。"他妈妈哭笑不得，把这件事当笑话讲给大家听。

余世维老师感叹："只有妈妈才会把这件事当笑话讲。"一个男孩子，都出国留学了，竟然还因为这点小事，半夜向妈妈求助，这种情况不由让人想起一句话："一屋不扫何以扫天下？"

中国公安大学的李玫瑾教授更直言："要教会孩子分享，包括食物，也包括家务，妈妈上班累了叫孩子拿鞋、倒水，让孩子理解，爸妈照顾我、我照顾爸妈是应当的。责任感需要承担，如果孩子从来都不承担家里的事，对家庭都没有责任感，你老了还能指望孩子会多么孝顺你，对社会有多大的责任感吗？"

我们因为爱，不舍得让孩子做家务，但事实上，越爱孩子就越要让他做家务。那么如何引导男孩做家务呢？

父母"狠一点"，多把家务丢给男孩

《华人世界》曾报道过一位通过家务教育把儿子们培养成亿万富翁的华裔妈妈。她的大儿子 Justin 毕业于耶鲁大学，创建了市值 9.7 亿美金的视频平台 Twitch；二儿子 Daniel 研发自动驾驶汽车，其技术被通用汽车以 10 亿美金

收购。媒体采访时，两位亿万富翁表示：他们之所以成功，是因为从小做家务。

Justin 妈妈安排家务很有一套，她总是列一张家务清单，让孩子们自己协商和选择做什么，只要单子上的家务没做完，孩子们就不许玩。

男孩当然没那么听话了，被妈妈"强迫"的 Justin 说："我们都觉得这样很不公平，但做家务确实教会了我们很多东西，它让我们从'只考虑自己'变成了'了解我们的责任'，也让我们意识到自己是个团队。我想，我开公司的经验就来源于做家务。"

Justin 妈妈除了让儿子分担家务外，还把儿子当作"劳工"。妈妈曾做过房地产经纪人，需要在周末维修破烂的出租屋和家具，每次，她都带着儿子们，粉刷房屋，修理桌椅，打扫卫生，去完成那些琐碎的维修房屋的工作。

Justin 回忆："帮妈妈干活压力很大，也很痛苦，但我永远也忘不了当我们一边刷房子一边抱怨的时候，她告诉我们，生活在某种程度上就是痛苦的，但它同时也很美好，你必须接受好处和坏处共存，你不能消除糟糕的部分，否则好时光也会变得没有意义。"

当然，或许你会说个案不能代表一切。事实上，家务给孩子带来好处是有研究证据的。哈佛大学自 1983 年追踪了 700 名快乐及成功的人士，发现此类人最大的共同点是自小做家务。

另外，明尼苏达大学家庭教育研究教授 Marty 发表了一项震撼教育界的研究成果。研究证明，家长通过鼓励孩子参与家务劳动，就能对孩子的未来施以极为重要的积极影响：能培养孩子责任感，让他们学会设身处地地为他人着想，习得关爱他人的同理心；能促进孩子大动作和精细动作技能的发展，让孩子变得更聪明；能通过为家庭做家务劳动，让孩子提高感受幸福的能力；从长远来看，从小在家务中承担积极的角色，还能让孩子未来拥有更幸福的婚姻。

觉得做家务浪费时间、影响学习的父母也不需要担心，中国教育科学研究院对全国 2 万名家长和 2 万名小学生进行的家庭教育状态调查表明，在孩子专门负责一两项家务活的家庭里，子女成绩优秀的比例为 86.92%，而认为"只要学习好，做不做家务都行"的家庭中，子女成绩优秀的比例仅为 3.17%。

所以说，越爱孩子，越要舍得让孩子做家务。

父母"趣"一点，把家务变成好玩的游戏

孩子越小，好奇心越大，包括做家务，而且，当好奇心得到满足的时候，孩子是会非常有成就感的。遗憾的是，很多父母不愿意把做家务的机会给孩子，因为带着孩子做家务太麻烦，不但家务做得慢，有时还会越做越乱。事实上，《蒙台梭利家庭方案》专门提出："可以带着孩子一起做家务，虽然完成家务的时间更长了，但我们同时也给了孩子最有益的启蒙教育和最宝贵的亲子实践，可谓一举多得。"

如果男孩轻松惯了，自然不愿意去做"无聊"的家务，这时候就更考验父母的教育耐心，需要通过花费更多的时间精力把家务策划成游戏，带着孩子一起玩。

最近，有一种小型的厨具玩具非常讨孩子喜欢，这套迷你小厨具非常小巧，最大的锅也就成人的巴掌大，但是炉灶、锅铲、各种调料一应俱全，重点是功能齐全，真的能点火能做饭。有父母就说："这锅真行，我家不爱吃饭的小饭渣，用这个锅给自己做了锅火腿肠炒饭，全吃了。"

其实，这就是游戏给孩子带来的乐趣。值得思考的是，如果孩子可以通过炊具玩具给自己做饭吃，那为什么父母不直接把做饭当作游戏，和孩子一起玩，让孩子自己真正做一顿饭呢？这带来的成就感可非同一般。其实，把家务变成游戏，也很简单。

1. 盲盒抽家务

把家里需要做的简单家务（孩子能胜任的），比如洗碗、浇花、洗菜、收拾衣服等家务，写在小纸条上，装在盒子里，和孩子一起玩抽盲盒的游戏。注意，不是孩子一个人抽盲盒，是父母和孩子一起玩这个游戏，一起做家务，群策群力，把家整理得更漂亮。这个方式也可以换成家务清单，由大家自主选择，协商完成。

2. 家务故事化

父母带着调皮男孩做家务时，男孩未必会那么听话，这时候，父母就可以把家务故事化，也可以设计一些比赛的环节，激起男孩的好胜心，让他参与进来。比如叠衣服，可以玩"配对"的游戏，看谁又快又好把袜子匹配好；洗碗的时候，可以玩"垃圾大作战"的游戏，一起把垃圾赶跑，洗出一个个干净的大白碗。诸如此类，父母可以创意出非常多的家务游戏。

当然，我们的重点不是"玩"，而是以此增加家务的趣

味性，培养孩子做家务的主动性，目的在于让孩子把做家务当成一种习惯。和孩子一起"玩"家务，父母确实会更累更辛苦，但孩子真正需要我们的时间就那么几年，我们就把这些家务游戏当作难得的快乐家庭时光吧。

父母"懒"一点，布置家务指令要清晰

要注意的是，即便和孩子一起"玩"家务游戏，但父母还是要"懒"一点，具体问题具体分析，少动手多动嘴，通过游戏规则，将布置家务的指令说清楚，让孩子了解怎么"玩"家务，怎么闯关成功，获得成就感。

《养育男孩》一书中提到：睾丸激素会对大脑产生影响，使男孩更关心等级差别，对竞争更感兴趣。所以，男孩需要懂得三件事：

❶ 谁负责；

❷ 规则是什么；

❸ 规则能否得到公正执行。

我在给我儿子布置家务的时候，就吃过指令不清的亏。

我儿子每天下午 3 点放学，我都会提前给他准备一些

点心，后来我突然想到，其实我完全可以和他一起准备"下午茶"。有一次，我就邀请他做水果沙拉，并提出要求——做一盘四种颜色、四种造型的水果沙拉。

他很有兴趣，并把我赶出厨房，不准我偷看，说要给我准备一个惊喜。他玩得很开心，把香蕉切成小圆片，把圣女果对半切，又把橙肉切成小正方形，最后把阳桃切成五角星形，摆好盘后，还特意撒上沙拉酱。他的速度不错，总体来说，做得又快又好，他还准备了两把不同颜色的叉子，邀请我一起吃。

我们吃得很开心，我对他进行了热烈的表扬："你做的水果沙拉真是太好吃了，颜色搭配得好漂亮，造型也摆得很好看，沙拉酱也放得正正好。"他获得了极大的满足感和成就感，眉开眼笑地把以前不吃的阳桃都吃了。

但洗碗的时候，他不愿意了："妈妈，你只说了做水果沙拉，又没有说要我洗碗。"我只好作罢，但回到厨房的我吓了一大跳，只见切剩的水果皮扔得四处都是，水果刀和砧板还扔在水槽，用过的沙拉酱连盖子都没拧回去。

我赶紧把他叫回来重做，他拒绝了："妈妈只叫我做水果沙拉，我不想做卫生。"我只能自己替他收拾残局。但那

次"失败"经历让我意识到，男孩的思维非常简单，典型的一根线思维，但我们可以借此培养他的全盘思考能力，比如，我可以在一开始布置家务的时候，给他更清晰的指令：

❶ 挑选四种颜色、四种造型的水果；

❷ 制作沙拉；

❸ 把厨房收拾干净，端沙拉上桌。

下一次我布置给他做手抓饼的下午茶任务时，我清晰地把前中后三个步骤都和他说好了，结果很惊喜，他做完手抓饼后，也及时清理干净了空气炸锅。

洗碗

做家务这件事，我是典型的反面案例。我的妈妈一直很娇养我，当然，我非常爱我的妈妈，也理解她对我的爱。但客观来说，爱和"培养"是可以分开的，爱可以允许孩子不做，但培养让孩子具备独立的能力，这非常重要，毕竟，孩子不可能永远生活在父母的庇护下。

实事求是地说，娇生惯养的养育方式让我成了一个生活能力为零的"白痴学霸"，我学习理论的能力很强，但零动手能力给我带来很多实际压力，尤其是我无奈回家当全职妈妈后，连饭都不会做的低价值感一度让我的生活和身心都陷入混乱。

当然，家务可以现学，也有越来越多高科技可以辅助，但零生活能力引发的一系列"自我否定"会让人陷入无休止的焦虑和迷茫中，我确实花了很长时间才慢慢走出"低价值"的怪圈。这也让我深刻意识到，越爱孩子，越要让孩子多承担家务，在做家务的同时，锻炼自己的各项能力。

美国发展心理学家理查德·伦德说："今天的家长都想让孩子把时间花在能为他们带来成功的事情上，然而，具有讽刺意味的是，我们却正在抛弃一件已被证明能够预言人生成功的事——那就是让孩子从小开始做家务。"那么，从今天开始，让男孩认认真真把家务做起来吧！

《关于全面加强新时代大中小学劳动教育的意见》指出："中小学劳动教育课每周不少于 1 课时，学校要对学生每天课外校外劳动时间作出规定。"

那么，我们可以给孩子安排什么家务呢？下面为大家推荐各个国家的家务清单供家长参考。

德国孩子的家务清单

据统计，20% 的德国家庭在儿童刚满周岁时就开始教他们做家务，最常见的就是剥豆荚和喂猫食。

学龄前的儿童可安排：取报纸、浇花、擦桌子、扫地。

6 ~ 10 岁的儿童可安排：轮流洗餐具、垃圾分类并丢入指定垃圾箱。

10 ~ 14 岁的少年可安排：洗衣服和做家常菜、帮助父亲打理花园或菜园、擦洗自己和家人的鞋子、清洗自行车。

14 ~ 16 岁的少年可安排：家庭大扫除（主力军）。

日本6～7岁孩子的家务能力清单

家务能力初级标准：叠简单的衣服、饭前摆碗筷、擦拭桌椅、整理门口的鞋子，能礼貌接听电话并通知大人，取来信和报纸。

家务能力中级标准：在家附近购买不找零的单件物品、倒垃圾、端盛有食物的碗盘、饭后收拾碗筷、扫地、自己洗手帕。

家务能力高级标准：能在附近的超市购买一两件物品；盛饭；帮家人擦皮鞋；会叠好洗晒后的衣服并放在固定的地方；有电话和访客时，能应对自如，并且会转达留言。

美国孩子的家务清单

9～24个月：自己扔尿布；

2～3岁：扔垃圾，整理玩具；

3～4岁：刷牙，浇花，喂宠物；

4～5岁：铺床，摆餐具；

5～6岁：擦桌子，收拾房间；

6～7岁：洗碗盘，独立打扫房间；

7～12岁：做简单的饭,清理洗手间,使用洗衣机,拖地板。

思考：你家的小宝贝几岁了，承担了什么家务呢？

第五章

别忽略男孩的性教育，
那是教会他"理解尊重"
的根源

小男孩更需要性教育，
一定要让爸爸趁早介入

男孩的性教育，越早越好

"我家是男孩，不需要性教育？"

有一回，我和朋友刷到"小女孩被熟人性侵"的新闻，朋友感叹："还好我家是男孩，没这方面的操心，我家要是女儿那可真是操不完的心。"

我赶紧说："你错了，男孩更需要操心。"

《中国的儿童性侵：对 27 项研究的 Meta 分析》统计

了 2002—2012 年 27 项中国儿童性侵的研究，得出结论：总体上，中国男童遭遇性侵盛行率是 13.8%，女童遭遇性侵的盛行率是 15.3%，相差并不大。

一项对中国 6 省市 6 所普通高校 2058 名大学生的回顾性调查研究结果显示：24.8% 的女生和 17.6% 的男生在 6 岁之前经历过性侵犯。很显然，男童的性侵案件更具有隐蔽性。也因此，男孩的性教育刻不容缓，越早越好。

另外，父母对男孩进行性教育，除了让男孩懂得自我保护之外，还有一个非常重要的点，就是要教会我们的男孩懂得什么是隐私，更懂得尊重女孩。

有一个让人心痛的新闻：上海某书店，一个 10 岁的男孩，掀开一个 5 岁女孩的裙子，触摸女孩的私密部位，又诱骗女孩触摸自己的私密部位，甚至还想把女孩带到厕所……幸好女孩妈妈及时发现，阻止了这场悲剧。纵然这个年龄段的孩子，对身体充满了好奇和探索，但显而易见，这个男孩的家庭教育是非常失败的，这样缺失性教育的男孩，很容易伤人也伤己。

不管是男孩还是女孩，都是父母的宝贝，在孩子的成长过程中，父母要给孩子提供很多教育，但我认为，最重要的永远是——保护好自己，不伤害别人。

所以，家有男孩的父母，需要意识到性教育对男孩的重要性。儿童性教育专家穆莉萍老师指出："0 ~ 6 岁的幼年时期，7 ~ 10 岁的性发育潜伏期，以及 10 ~ 20 岁的青春期，不同成长阶段，性教育的方式有所不同，但孩子的性教育，越早越好。"如何对男孩进行性教育，给大家分享三个方法。

像认识耳鼻口一样，教男孩自然认识私处

很多父母望子成龙，孩子刚出生没几个月，就会买各种图画卡，教孩子认识鼻子、眼睛、嘴巴，但几乎没有父母会如此自然地告诉男孩："这是阴茎。"事实上，对父母来说，最自然的性教育就是，像教男孩认识眼睛鼻子一样，去认识私处。

当然，3 岁以下的孩子，还处于自我探索的初级阶段，父母的性教育只需要简单让孩子知道男孩女孩的区别就行。我儿子在 2 岁多的时候非常可爱，有一回，他蹲下小便，我教他要像爸爸一样站着小便，我问他："男孩子站着尿尿，女孩子蹲着尿尿，你是男孩子还是女孩子呀？"他哈哈笑："我是小孩子。"

虽然好笑，但这也说明，3 岁以下的孩子对性别的概念是模糊的，而这个阶段，也是父母可以通过绘本等器官画册，最自然地向孩子介绍私处的阶段。

3 岁之后，我们就需要引导男孩懂得隐私的概念。

教孩子懂得隐私的概念

首先，让男孩知道什么是私密部位。父母可以形象地告诉孩子：男孩穿游泳裤遮挡住的部位，女孩穿泳衣遮挡住的部位，就叫私密部位。

其次，我们要非常严肃地告诉孩子，这些部位是不可以给别人看、给别人摸的，如果有人看了或者摸了这些部位，一定要马上告诉爸爸妈妈。

接着，我们也要告诉男孩，也不可以去看或者碰别人的私密部位。

我们也可以通过画画等亲子游戏，加深孩子对私密部位的印象。

画画亲子游戏

游戏	认识身体的私密部位
材料	A4 纸，彩笔
步骤	1. 引导孩子讨论男孩和女孩的身体有什么不同，尤其要讨论生殖器官和乳房部位的不同 2. 引导孩子在 A4 纸上画出一个不穿衣服的男孩和女孩 3. 引导孩子寻找私密部位并画出红色叉叉，再次强调不可以让别人看或者摸这些部位，如果有人看了或者摸了，一定要马上告诉爸爸妈妈 4. 再次严肃强调，绝对不可以去看或者碰别人的私密部位

　　当然，除了私密部位，父母在日常教育中，也需要引导孩子懂得身体的界限，可以通过读《不要随便亲我》《不要随便抱我》系列绘本，加强孩子对身体的自我保护意识。

　　尤其是六七岁的男孩，开始关注身体，有了害羞的情绪，其实是不太喜欢被亲、被抱的，但"身体界限感"不强的男孩就不太敢拒绝。像我儿子，6岁多的时候去学游泳，教练很喜欢他，会在他游得不错的时候，抱起他对着他的小脸亲一口，表示喜欢和鼓励。

　　我儿子很不喜欢，但他不好意思拒绝，每次只懂得简单地缩着身体躲避，事后用手擦被亲过的脸庞。我问他："你不喜欢被教练亲是吗？"他觉得教练亲他是喜欢他，如果拒绝他是不礼貌的，为此，他还特意解释："我不喜欢口水在脸上的感觉，我不喜欢被亲，爸爸亲妈妈亲我也不喜欢。"

　　我鼓励他："嗯，你做得很对，不管是谁，只要是你不喜欢的，你都可以拒绝，大声告诉对方，不要亲我。"得到支持的他，再被教练亲，就大声拒绝："我不喜欢被亲。"教练也很理解，后来就把鼓励的方式改成了口头表扬。

　　同理，父母在亲男孩被拒绝时，也要记得及时停下，并肯定男孩："虽然妈妈很想亲你，但妈妈应该尊重你的意见，你不喜欢的时候我不可以亲你。"这样被人尊重过身体界限感的男孩，也就更有勇气自我保护，在以后的人际交往中，会非常有分寸感和界限感，能发自内心尊重别人。

借助绘本，科学又温馨回答"男孩从哪里来"

当男孩问："妈妈，我是从哪里来的呀？"很多父母已经不会再用"垃圾桶""胳肢窝"等玩笑来回应了，但依旧无法自然又科学地解答男孩的疑惑。

真科普起来，还是挺难的。首先，我们需要让男孩认识"睾丸和精子"，了解"卵巢和卵子"；然后还需要告诉男孩，爸爸的精子和妈妈的卵子，这两种生命之源结合在一起，才能有小生命；再解释，等小生命在妈妈的子宫里长大，就会经过妈妈两腿中间的一条"宝宝出生之路"来到这个世界。科普完后，也要记得告诉男孩："你，你的朋友，所有人都是这样出生的，每个人都是宝贵的生命。"

这里就涉及几个难题，一是父母不好意思给男孩介绍；二是父母无法言简意赅地让孩子理解这些性知识。所以，我强烈推荐经典绘本《小鸡鸡的故事》。这本绘本的特色是，

将严肃的科普知识解释得既专业又温馨，配图非常直接有趣，从"认识身体""区别男孩女孩"，再到"私密部位""我从哪里来"，所有涉及男孩性教育需要的知识点，这本书一应俱全，解释得很清晰。

这本绘本的性教育知识点适合 3 ~ 6 岁的男孩，这个阶段的男孩，父母让其理解关于性知识的基础科普即可，但对于再大一些，尤其进入青春期的男孩，妈妈就需要及时退位，让爸爸及早介入，多关注男孩的身体变化和心理变化，让男孩和男人沟通"成为男人的秘密"。

大男孩的性教育交给爸爸，注意越早越好

为什么要把 6 岁以上男孩的性教育交给爸爸？首先，当然是为了避免尴尬，即将进入青春期的大男孩，如果与妈妈讨论和性相关的话题，会非常不自然；其次，是妈妈本身并没有相关经验，也无法和男孩交流经验。所以，6 岁以下的孩子，父母合作教育是非常完美的，但 6 岁以上，尽量把孩子交给同性父母教育，注意，这里的教育并不是指一方父母撒手不管，而是指在双方共同努力的前提下，一方具体去

操作，比如"性教育"方面的细节问题，把女孩的性教育交给妈妈，把男孩的性教育交给爸爸，会更自然。

现在的男孩普遍发育得早，在男孩 10 岁左右时，爸爸就可以提前为男孩选择一些关于青春期发育的书籍，让男孩提前了解自己可能遇到的身体变化，做好心理准备。在这里，也为大家推荐一部剧《父与子的性教尬聊》，这部剧共有 5 集，每集十几分钟，一集解决一个性教育难题，形式一点都不尴尬，也不难懂，内容非常风趣且实用，既可以单独安排给男孩看，也可以父子俩一起看。

当然，这样的教育，爸爸一定要趁早安排。毕竟，现在可没几个进入青春期的男孩，还愿意和父亲一起看这种教育剧。

除此之外，爸爸还要注意观察男孩的身体变化，主动找机会和男孩沟通青春期遗精的问题。肯定十个爸爸中有九个都会觉得尴尬，这事就连性教育专家胡萍老师的丈夫，都觉得"压力山大"。

当时，胡老师的儿子上初一，13 岁，看他不断发育的身体，胡老师赶紧安排丈夫，单独和儿子谈一下遗精的问题，避免孩子在这个阶段因为生理发育引起心理负担。胡老师的丈夫觉得尴尬又为难："你是性教育专家，你和他谈吧！"

　　胡老师当然拒绝了，男孩的性教育就要交给爸爸，为了让父子俩能沟通顺畅，胡老师提供了非常好的性教育沟通模板。

　　首先，选一个晚餐后的轻松时间，父子俩单独去散步。

　　然后，爸爸直接进入主题，和男孩沟通："儿子，爸爸在你这个年龄的时候，身体开始出现一些变化，比如，有一天早上起床时，发现内裤上有一些黏黏的液体，这就是我们身体里流出的精液，医学上叫作'遗精'。遗精是男人长大的标志，是非常正常的，我不知道你有这个变化了吗？"

　　这时候爸爸要非常认真地注意男孩的反应，如果男孩回答说自己也遗精了，爸爸就可以接着说："祝贺儿子，你长大成人了，是个男人了。"如果男孩回应自己还没出现遗精，爸爸也可以回复："每个人的成长时间不一样，我们做好准备，很快你就会像爸爸一样，长大成人的。"

　　非常重要的一点是，爸爸要继续把科普工作做好："遗精后要清洁生殖器和换洗内裤，因为精液容易滋生细菌，如果遗精后一直不换洗内裤，也不清洁生殖器，容易引起生殖器的感染。"同时，爸爸也别忘记责任感的教育："男孩遗精，就意味着是男人了，身体开始产生精子，有了生育能力，如果和女性发生接触，就可能使女孩怀孕，这可是青少年没办法承担的后果。所以，大男人了，一定要注意，面对青春期的冲动，凡事要三思而后行，做对自己和他人负责任的事情。"

很多爸爸会难为情："说这么直接？多尴尬呀。"其实，不止爸爸尴尬，男孩也会觉得不好意思。胡萍老师的儿子，在爸爸和他沟通这些事的时候，就不太配合，不愿意和爸爸进一步交流。但胡萍老师表示："男孩的态度不重要，重要的是，爸爸要把准备充足的知识告诉男孩，男孩不配合大多是因为害羞，但爸爸说的话，男孩是会听进心里去的。"

当然，我们会发现，亲子关系越好的家庭，父母子女关于性教育的问题就越轻松自然。总之，父母越爱男孩，越要趁早让男孩学会自我保护，及尊重别人。

国际性教育专家给不同年龄段男孩的性教育建议

0~3岁：解决性别认同问题，引导男孩认识自己的身体。

3 ~ 6 岁：男孩开始对身体出现强烈的好奇心和求知欲，父母要在这个阶段为他普及性教育基础知识，引导男孩了解私密部位，学习自我保护，及尊重他人身体隐私。

6 ~ 10 岁：男孩身体发育加快，理解能力增强，这个阶段，可以以父亲为主，为男孩讲解更细致的性教育知识，让男孩了解孕育后代的知识点。

10 ~ 14 岁：男孩开始进入青春期，不管从身体到心理，都开始发生显著变化，会陆续出现遗精、自慰和性幻想等性行为，甚至开始出现早恋。这个阶段，一定要以父亲为主，主动为男孩提供相关性教育知识，帮助男孩顺利应对青春期变化，引导男孩理性对待性和爱，懂得自我保护，并懂得尊重女性。

思考：你家的男孩问过"我从哪里来"的问题吗？爸爸是怎么回答的？

4 岁男孩还爱摸妈妈乳房？
注意！父母一定要赶快调整育儿方式

为人父母，要接纳男孩的感受，但一定不要接纳
男孩的异常行为

"爱摸乳房的 4 岁男孩，是要流氓吗？"

4 岁的瑞瑞有个坏习惯，睡觉的时候，一定要摸妈妈的乳房才能入睡，到后来，更是发展到，不管时间地点，一想摸，就上手扒妈妈的衣服。瑞瑞妈妈也很发愁，但不管她怎么劝说，瑞瑞就是改不掉这个坏习惯。

更令人意外的是，瑞瑞后来竟然还会去摸外婆的乳

房，而且是在大庭广众之下，只要他想摸，就很自然地摸上去了。为这事，瑞瑞爸妈总吵架，爸爸怪妈妈："都怪你惯着他，你看他以后出去耍流氓怎么办？"妈妈也很委屈，她打过骂过，可一不让摸，瑞瑞就哭天喊地，她也很头疼。

4岁孩子当然不是要流氓，但父母不好好引导，长大后或许就是真流氓，甚至引发严重的心理疾病。就像儿童性教育专家胡萍所说："4～5岁是孩子恋父恋母的高峰期，妈妈的乳房对孩子的寓意不同，已然成为孩子满足性冲动的一个工具，如果这个阶段，孩子可以随意抚摸妈妈的乳房，而父母没有正确引导、及时制止，对孩子脱离恋父恋母的心理发展是不利的。"

当然，我们不能只看到男孩的那只"手"，更要关注男孩的整个"人"。当男孩有异常表现时，我们更要透过现象看本质，先了解为什么，再研究怎么办。

很显然，男孩异常行为背后，需要我们审视自己的教育方式。一般来说，男孩迷恋妈妈的乳房，有可能是养育方式出了问题。

I. 未满足男孩对身体的好奇

男孩从 2 ~ 3 岁开始，会对自己的身体、别人的身体产生巨大的好奇，由此，会产生一系列"流氓行为"。比如，摸妈妈的乳房、摸爸爸的生殖器、偷看父母洗澡、非要和父母一起上厕所……如果这个阶段父母没有及时满足男孩的需求，解答男孩的困惑，就很容易让男孩养成一些坏习惯。

2. 离乳方式不恰当引起的安全感缺失

2 岁多的禾禾，断奶后，不但爱摸妈妈的乳房，还爱摸奶奶的乳房。奶奶常抱怨："人家断奶都很容易，我家这个实在麻烦。"其实，禾禾是被强制断奶的，为了断奶，妈妈躲到外婆家，母子俩被强制隔离，禾禾哭了一个多月才接受断奶。

这样的断奶方式，是很多老人推崇的办法，但并不可取。事实上，对孩子来说，断奶换新的食物不可怕，更令孩子害怕的是，他担心永远失去妈妈，又以为是自己的原因导致妈妈离开而感到愧疚，这种复杂而矛盾的心理，会给孩子带来更多伤害。

3. 妈妈不舍得与孩子分离

亲子真人秀节目《超级育儿师》有个叫一一的 3 岁小

朋友，他有个怪癖，喝水一定要躺在床上，摸着妈妈的乳房才喝，妈妈头疼得不得了，只能请育儿师帮忙。一开始，大家都以为是一一的问题，到后来，才发现其实是妈妈的问题。她全职带一一，总说一一黏她无法离开她，但事实上，是妈妈和爸爸的关系不好，她潜意识里把一一当作情感寄托，渴望孩子更多的抚摸和依赖。换句话说，并不是一一不具备独立能力，而是妈妈不想让孩子长大。在妈妈的影响下，一一也没有迈出心理成长的第一步，始终无法脱离与妈妈共生的状态。

回到前面瑞瑞的问题。经过沟通，瑞瑞妈妈认为，瑞瑞之所以爱摸妈妈的乳房，应该是第一和第二个原因，在"瑞瑞离乳"和"对身体好奇"期间，妈妈没有处理得很恰当，为此，妈妈后悔不已。事实上，我们都是第一次当妈妈，自然会有很多失误的地方，但没关系，只要用心，都有机会调整。下面，我们从三个方面来和大家分享。

顺其自然，满足男孩对身体的好奇心

2～4岁的男孩，自我意识开始不断增强，开始对身体产生极大的好奇，他们会用语言和行动发出信号：我想了解我的（你的）身体。所以，这个阶段的男孩会出现很多"自摸"或者"摸他人"的"奇葩"行为，很多父母认为这是不卫生且不礼貌的行为，会马上阻止，实际上，这恰恰是对男孩进行性教育的好机会。

父母不需要额外找机会，只需要顺其自然地在男孩提出问题时进行解答即可。尤其是小男孩提出要看父母的身体时，父母可以安排一些一起洗澡的机会，很自然地满足男孩对于身体的好奇，父母像介绍眼睛鼻子一样，坦然地给男孩介绍男女身体的不同器官，包括性器官。

当然，这个环节，会有很多异性父母无法接受，我们也不必勉强。另外，6岁以上的孩子，我们也不建议通过洗澡的方式和孩子"坦诚相见"。这种情况，我们可以借助"身体图画"等绘本或生理书籍，满足孩子对身体的好奇。

当男孩"对身体好奇"的需求得到满足，是可以很快度过这个时期的。但是，如果这个阶段男孩没有得到答案，他的内在心理层面就容易在这个阶段"卡顿"。

接纳男孩的感情，但不接纳摸妈妈的行为

父母，尤其是妈妈非常需要记住的是，当男孩对妈妈的身体表现出极大迷恋的时候，妈妈一定要从语言到行动，坚定地拒绝。

《善解童贞》一书讲述过这样一个真实案例。一个5岁的男孩，每天晚上睡觉前一定要摸妈妈的乳房，虽然孩子从小就这样，但妈妈发现孩子不对劲了。男孩现在摸妈妈的乳房，会两手搓揉，而且伴随很激动很兴奋的表情，有时候甚至小鸡鸡都会变硬。妈妈自己都感觉："看他的表情不对劲，像男人不像孩子。"

遗憾的是，妈妈的拒绝非常无力。她从儿子四岁半的时候开始拒绝，但每次面对儿子的抚摸，她的说辞都是："从下周一开始就不可以再摸了。"孩子每次都爽快答应，但每到下周一，又照旧，反反复复，到现在也断不了。

听起来，这是一个令妈妈无奈的难题。但事实上，从心理学的角度分析，这是一段很畸形的亲子关系，在长达几年的关系中，孩子通过妈妈的身体达到自己性满足的目的，而妈妈的"顺从"其实也是在潜意识里享受和儿子亲密的互动。这种情况，无法让男孩顺利度过和父母分离的阶段，对男孩的成长是非常不利的。

如果家有爱摸妈妈乳房的男孩，妈妈一定要注意，是不是和丈夫遇到了情感方面的障碍，所以潜意识里会允许"孩子摸乳房"的行为？这个问题，需要妈妈自己去解决，但在育儿方面，妈妈一定要认真审视自己的育儿方式，将解决问题的重点放在转变育儿方式上，而不是纠缠于孩子的行为。

妈妈可以接纳男孩对自己的爱，但一定要拒绝男孩的不良行为。心理学家鲁道夫·德雷克斯曾在《孩子：挑战》一书中说过："孩子很小的时候，就会通过观察父母的行为来决定自己的做法，所以重要的不是我们怎么说，而是怎么做。"当妈妈坚定拒绝男孩的摸乳房行为时，男孩自然也会停止这些举动。

当然，这个过程中，爸爸也应该积极发挥自己的作用，更多地关心妈妈和孩子，在孩子无法独立入睡、非要妈妈陪睡的状态下，爸爸可以代替妈妈，陪伴男孩入睡。男孩的养育，不能缺少爸爸，家庭的责任，更需要爸爸妈妈一起承担。

准备好替代品，给男孩留一个过渡期

在拒绝男孩摸乳房的初期，男孩肯定会大哭大闹，但没关系，为了及时纠正男孩的不当行为，适当的"狠心"是非常必要的。当然，狠心之外，父母也需要讲究些方式方法，帮助男孩更好地过渡，而最好的方式就是，给男孩找一个替代品。

心理治疗师金韵蓉，讲过一个她侄女的故事。她侄女每逢备考，总要拿着从小盖着的破被子围住自己来复习，每次这样就觉得去考试很有信心，父母都很焦虑，担心孩子是不是没有安全感。金韵蓉表示这很正常，触觉是孩子接触世界最早使用的方式，所以幼儿喜欢摸妈妈的乳房、耳朵或者其他部位睡觉，这时候，找一个替代乳房的依恋物，可以让孩子更快地熟悉世界。

同样，我们也可以给男孩寻找到这样的替代品，比如，妈妈准备的安抚巾，孩子喜欢的小布偶等。衡量的标准在于，以男孩喜欢为宜。

比如瑞瑞，他非常喜欢小猫，于是，妈妈和他沟通协商，由他挑选一只喜欢的小猫玩偶，以后就抱着小猫玩偶入睡，瑞瑞很开心地答应了。但是,在实际操作中,瑞瑞很快就"说话不算数"了,爸爸陪睡不行,小猫玩偶陪睡也不行,妈妈躺在旁边也不行,就一定要用小手摸着妈妈的乳房才睡,但这一次,妈妈非常坚定,不管瑞瑞怎么央求哭闹,都坚决不允许他碰,这一晚,瑞瑞折腾了两个多小时才睡着。后来,瑞瑞又折腾了一个多星期,才终于接受了不能摸妈妈乳房的事实,开始抱着小猫玩偶睡在自己的小床上。

这个过程,除了妈妈要"狠心"之外,也要注意向男孩传输观点:"妈妈很爱你,但摸乳房是不对的,妈妈不能接受,你现在长大了,可以自己睡了,你很棒。"

绘本《乳房的故事》有这样一段话:"虽然我已经长大,可有时,还会想摸一摸妈妈的乳房,不高兴、寂寞、伤心的时候就想要摸一摸。"我们要理解男孩的需求,接纳男孩的情绪,但注意,一定要"狠心"拒绝男孩不太合适的行为,这个时候,请父母一定好好抱抱他、亲亲他,告诉他:爸爸妈妈爱你,无论你遇到什么事,我们都会陪伴在你身边,和你一起找到更多方式,发现新的快乐!

看案例学知识

一名 20 岁的成年男性，还是喜欢摸妈妈乳房睡觉，你敢信吗？这是我们遇到的真实心理案例。这名男子在外省上大学，必须抱人形玩偶睡觉才不会心慌，每次回家一定要和妈妈一起睡，摸着妈妈的胸就觉得很幸福。

爸爸妈妈都很无奈，他自己也觉得很变态，但就是改不掉。回溯他的童年，我们就会发现问题所在，他从小就喜欢摸着妈妈的乳房睡觉，中间有无数次机会可以戒掉，但妈妈太惯着他，尤其是高三压力大，必须摸着妈妈才能睡着，妈妈一心软，他就彻底戒不掉了。

遗憾的是，妈妈的"爱"和心软，终究害了他，对 20 岁已成年的他来说，这已经不是简单的坏习惯的问题，而是非常严重的心理疾病，给他的生活和工作甚至人际交往都带来了非常大的影响。试想一下，如果他的爸爸妈妈能在他幼时意识到，这是一种错误的育儿方式，是不是能及时止损，让男孩健康成长呢？

"我要和妈妈结婚"，
2招帮男孩度过婚姻敏感期

男孩婚姻敏感期过渡得越好，未来的情感体系
就构建得越健全

儿子说："妈妈，我最爱你，我要和你结婚。"

朋友很发愁，她的宝贝儿子最近不知道怎么了，突然对她高调"示爱"："妈妈，我最爱你，我要和你结婚。"一开始，朋友还挺高兴的，觉得这是儿子爱她的表现。可孩子说的次数多了，她就开始担心起孩子的情感发展："不会是爸爸带得少，孩子被我带成'妈宝男'了吧？"

239

我笑："恭喜你，这是好事呀，说明孩子长大了，遇到婚姻敏感期啦。"婚姻敏感期的最典型表现就是，男孩会表达对妈妈的喜欢，叫嚷着要和妈妈结婚；随着年龄增长，又会说要和老师结婚；再往后，孩子又会突然闹着要和同龄人结婚。

育儿节目《周末七巧板》曾进入幼儿园，就"婚姻敏感期"观察孩子们的表现，结果令家长瞠目结舌。6岁女孩雨雨非常喜欢6岁男孩泰泰，总拿零食和他分享，无论泰泰走到哪里，雨雨都紧紧拉着他的手："陪我玩吧。"有时候，泰泰不耐烦，转身就跑，雨雨马上就追过去。甚至坐在桌椅上时，雨雨还拉着泰泰的手亲热地亲一口。

还有更令人惊讶的，6岁男孩皮皮和5岁女孩欣欣在一起玩，看到摄影机后，皮皮非常激动，强烈要求工作人员为他和欣欣拍张合影，并强调这是一张"结婚照"，但欣欣并不配合，导致照片拍得并不顺利。孩子们这些令人诧异的表现，其实都是婚姻敏感期的典型表现。

在传统观念里，我们是无论如何也无法把孩子与婚姻联系在一起的。但事实上，孩子从没有自我意识到开始认识到自己的存在，再从父母身上感受到爱，然后，他开始试探着向爱的人反馈爱，也由此开始学习构建情感世界："我喜欢你，所以我要和你结婚。""我喜欢你，所以我只想和你一起玩。"……但是，这些都是孩子最单纯的感情，最纯粹的思维，和成人世界的复杂感情完全不一样。

《男孩的正面管教》中提到，男孩的婚姻敏感期基本上决定着男孩的情绪、情感能否达到一个成熟的状态，这是锻炼男孩处理人际关系、了解异性、认识婚姻和家庭的好时机，如果父母能够帮助男孩顺利地度过婚姻敏感期，会为他成年后的婚姻关系奠定良好基础。那么，父母该如何帮助男孩呢？我们分享两个方法。

不要取笑，不要逃避，正面回答婚姻问题

幼儿园大班的科科，有一天放学回家，神秘地对妈妈说："我今天和两个人结婚了。"妈妈大吃一惊，询问之下，发现原来是科科在幼儿园，和好朋友蓝小夕玩游戏，不知道怎么就玩起了结婚的游戏，同班同学笑笑看见之后，也想和科科"结婚"，于是，三个人就一起"结婚"了。

妈妈听完觉得很好笑："呦，你都这么厉害了，小小年纪就有这么多女孩喜欢你，像个花花公子呀。"科科问："什么是花花公子呀？"妈妈并未在意，简单回答："就是同时喜欢好多个女孩，又容易喜新厌旧，你长大可不能当花花公子。"

妈妈并未想到，她的随口一答，给科科带来很大的负担，在那之后，科科再也不愿意和女孩一起玩，他说："我才不和她们玩，我才不要结婚，我不想当花花公子。"妈妈后悔不已，觉得自己在这件事上处理得太草率，给了科科错误的引导。

确实，很多父母，在遇到男孩聊"结婚"的话题时，一般会觉得好笑，更多时候也会觉得尴尬。一位爸爸说，每次他儿子问："爸爸妈妈为什么要结婚？我为什么不能和妈妈结婚？"他就觉得头疼，为了避免孩子再提问，他就会敷衍甚至训斥孩子："她是你妈，你怎么能和她结婚呢？"孩子还天真无邪地追问："你都能和我妈妈结婚，为什么我不能和我妈妈结婚？"把他问得哑口无言。

婚姻敏感期只是男孩自然成长的一个很正常的过程，意味着他开始对性别、自我和异性有了初步的认知。

当男孩表达"我要和××结婚"时，他并不真正理解这句话的意思，只是在日常生活中，他发现周围的人，尤其是爸爸妈妈都是以"结婚"的形式在一起，他就简单关注婚姻。对异性有了朦胧的喜欢的时候，他会想要与之结婚，或许，一开始是想和妈妈结婚，很快，又会转移目标，要和他很爱的奶奶结婚……男孩的"结婚"其实只是表达喜欢的一种方式。

这个时候，父母的回应就显得非常重要，《儿童行为心理学》明确提出："父母不能逃避更不能训斥，如果孩子因为父母的态度对婚姻产生厌倦感，那将会对未来的生活造成不利影响。"父母应该借这个机会，用孩子理解的语言，正面回答孩子对婚姻的疑惑，告诉孩子，婚姻是一种很美好的亲密关系，婚姻的基本因素是：两个人是异性；两个人必须没有血缘关系；两个人必须相爱。

很多父母会觉得，孩子还那么小就教他了解"婚姻"，有必要吗？会不会拔苗助长？事实上，很多育儿专家都认为，儿童通过几个月来发展完成的事情，可能成人 10 年或者一生都没有办法解决。所以，当男孩进入敏感期的时候，父母一定要借助这个机会，让孩子对婚姻建立简单的概念，当然，简单即可，没必要解释得太详细。

觉得很难用语言开展教育的父母，也可以通过绘本的方式，引导男孩了解"婚姻"，非常推荐《鳄鱼爱上长颈鹿》系列绘本。这套绘本讲述的是，鳄鱼和长颈鹿两个完全不同生活习性的动物，因为爱而结婚，并共同面对诸多困难的温馨故事。

当然，让男孩了解婚姻概念的同时，父母也别忘记告诉孩子："妈妈不能和你结婚，但妈妈永远爱你。"

轻松讨论"喜欢谁"，引导健康情感观念

邻居发朋友圈求助："儿子4岁多上中班，突然告诉我，他喜欢班里一个女孩，要和她结婚，让我给他买花。我和老公当时就笑了。他非常生气，不让我们笑，难道我真要买花？"底下有人留言："这么小就知道追女孩，必须好好教育，不然早恋还了得。"更多的人则是笑一笑，觉得孩子睡个觉就忘记了，直接忽略就好。

在成人看来，小孩子懂什么喜欢？但事实上，天真无邪的孩子正是通过这样的情感启蒙，逐步形成了自己的情感观，培养了自己的人际交往能力。所以，父母不可以对孩子

的"爱情"进行否认，相反，更应该接纳并允许孩子对当下情感进行体验。

当然，当孩子主动提到这个话题时，父母不需要急着给出答案，而应该把重点放在了解孩子的内心想法上，主动给予帮助，教会孩子更好地表达喜欢。

我儿子和女同桌的关系特别好，有段时间，他很努力给同桌准备礼物。有一回，他特地拿出他心爱的奥特曼卡片，专门用包装纸包装得很漂亮，准备送给女同桌。

我问他："你为什么要送礼物给她呀？"

他毫不客气地说："我喜欢她呀。"

我又追问："喜欢她什么呀？"（通过问答的方式了解男孩的想法）

他回答："她写的字很漂亮，每次写字作业都能得优，而且，她长得也很漂亮，把头发放下来就像公主一样。"

我点头表示肯定："漂亮，字写得好看，这些品质真的很讨人喜欢呢。"（引导男孩知道美好品质的重要）

我又继续提问："你觉得她喜欢你吗？妈妈觉得你的字也很漂亮。"（引导男孩发觉自己的优点，发现美好品质）

他说："我的字不好看，和她比一点都不好。"

我回："那试试让她教你写字。"

他笑："她说我算数很好。"

我也笑："喔，那你就是学习好的小伙子，学习好是很棒的优点呢。"

他非常开心，把卡片小心翼翼地放进书包。

第二天，我儿子回家，把奥特曼卡片也带了回来。

我问道："怎么礼物没送出去吗？"

他垂头丧气地说："她说不喜欢，我同学给她送了一块橡皮，她就很喜欢。"我默默觉得好笑，安慰他："嗯，看来你同桌找到新朋友了。"

他很不服气："我同桌说最喜欢我。"

我安慰他："宝贝，每个人都可以选择自己喜欢的朋友，你也有自己特别喜欢的朋友呀。"我又给他出主意："奥特曼卡片对你来说肯定是非常宝贵的，但是我觉得女孩子可能不太喜欢，比如说我就不喜欢。"（引导男孩明白每个人都有选择的权力）

我儿子追问："那她喜欢什么？"

我很认真地回答："每个人喜欢的东西都是不一样的，你喜欢奥特曼卡片，爸爸喜欢赛车，我喜欢花，你上次亲手给我做的贺卡我也很喜欢，或者你可以观察看看你的同桌喜欢什么，下次上手工课的时候专门给她做一个。"（引导男孩知道每个人都有自己的喜好）

我儿子若有所思，但很快，他又被别的事情转移了注意力。

为什么我要这么认真地回答他的问题？因为，在这样的回答中，我传达了三个观点：

❶ 每个人喜欢的东西是不一样的，你喜欢的未必所有人都喜欢，你觉得好的未必别人觉得好。这种前提下，如果送礼物被拒绝，也是可以理解的，没什么可难过的。

❷ 你喜欢的人很优秀，所以肯定也有别的人喜欢她，她可以选择你，也可以选择别人，这都没有关系，她不和你做朋友，不是因为你不好，她选择和别人做朋友，也不是别人比你强，只是他们觉得更合适。当然，你也可以去找适合你的朋友。

❸ 培养好自己的美好品质，会成为人际交往的利器。

对儿童来说，男生喜欢女生，女生喜欢男生，这是非常天真无邪的一件事。他们或许会成为好朋友，或许过几天又换了新的好朋友，这些都不要紧，重要的是，借由这样

247

的机会，我们可以引导男孩怎样表达喜欢，以及更重要的是，潜移默化地将健康的感情观传递给孩子。

所以，对男孩来说，婚姻敏感期最重要的两点影响是：

❶ 从"我要和 × × 结婚"到"提结婚"羞涩，孩子的性别意识从模糊逐步成长到清晰。

❷ 孩子选择结婚对象都是一厢情愿的，当遭到对方无心拒绝时，孩子会受到伤害，需要自己承受失落。庆幸的是，孩子很快就会坦然面对："你不喜欢我也没关系，不是我不如他，而是他比我更合适。"

由此，婚姻敏感期告一段落，孩子形成基本的婚姻概念。实际上，孩子顺利度过婚姻敏感期，成人后遇到的很多感情问题就会迎刃而解。

一般来说，婚姻敏感期会在孩子 3 ~ 6 岁时出现，当然，因为每个家庭的教育环境不同，孩子的成长速度不同，每个孩子进入婚姻敏感期的时间也会前后调整。需要注意的是，父母没必要用成人的眼光看待"男孩的婚姻"，可以用成人的观点来指导男孩形成正确的感情观，父母越淡然处之，男孩的婚姻敏感期就会越快过去，而且能让男孩对婚姻和人际关系有良好的认知状态。

　　思考：你家的男孩出现过婚姻敏感期吗？你是怎么应
对的？

儿子总喜欢和女同学搂搂抱抱，怎么办？

进入婚姻敏感期的男孩，更需要父母保驾护航

男孩被骂小流氓，从此不想去上学

朋友的女儿丫丫读一年级，有一天，班主任打电话告诉她，丫丫的同桌磊磊是个调皮的小男生，课间掀了丫丫的裙子，还做了一些搂抱的动作，老师看到后及时制止了。因为担心丫丫回家和父母转述不清楚，引起不必要的误会，所以班主任特地打了这个电话，并且表示，事后也会和磊磊的父母聊一聊。

朋友觉得班主任很负责任，对这个处理结果也很满

意，特别对班主任表示了感谢。事情到这里，大家都觉得这不是什么大事，小事化了就行。但丫丫爸爸非常疼爱女儿，听说女儿被男生掀裙子后，特别心疼和生气，那天，他主动提出要去接女儿放学。

结果，在放学的队伍中，丫丫爸爸又看见磊磊对丫丫"动手动脚"。一年级的放学队伍，老师是按男生搭配女生的排列方式排队的，别的同学都规规矩矩站得好好的，就磊磊非常亲密地挽着丫丫的胳膊，说话还凑得特别近。这一下，丫丫爸爸火冒三丈，直接冲过去抱起女儿，一把推开磊磊："你个小流氓离我女儿远点。"

那天来接磊磊的是奶奶，看到自家孙子突然被人叫"小流氓"，她当然不干，冲上去就和丫丫爸爸吵了起来，当时正是家长接孩子放学的时候，簇拥的人群乱作一团，老师和保安费了好大的力气，才把丫丫爸爸和磊磊奶奶分开。

本来是孩子之间的事情，却上升到家长吵架的地步，这件事给学校和班级带来了非常恶劣的影响。一边是学校和班主任，一边是对方家长，丫丫妈妈觉得非常尴尬，她自己也觉得，丫丫爸爸这次确实小题大做了些。

更糟糕的是，这件事给两个孩子，尤其是磊磊带来了非常大的伤害。丫丫爸爸吵架的时候，全班的同学都在边上看着，孩子小不懂事，最擅长模仿，他们也不知道"小流氓"是什么意思，就觉得好玩，每次见到磊磊就叫"小流氓"，有时候看到丫丫也会开玩笑："你是不是被小流氓欺负了呀？"

丫丫还好一点，在老师的安排下，换了新同桌。磊磊却一直被同学欺负，没人愿意和他成为朋友，同学们还总爱在他背后指指点点："他是小流氓，我们不和他一起玩。"虽然老师严厉禁止，但对磊磊造成的伤害还是无可挽回，很快，磊磊不愿意再去上学，无奈之下，磊磊父母只好给磊磊办了转学手续。

因为这事，朋友一直很愧疚："站在丫丫爸爸的角度，也可以理解他对女儿的爱护，但想想磊磊的情况，我真是挺难过的，没想到这事给孩子带来那么大影响。"

听完这个案例，我真的很心疼磊磊。在成人看来，或许男孩和女孩搂搂抱抱是"小流氓"行为，但事实上，这只是男孩进入婚姻敏感期的正常表现。也因此，家有男孩的父母责任重大，建议大家通过以下三点为男孩保驾护航。

理论上尊重男孩女孩的亲密关系

在上一节"婚姻敏感期"的内容里，我给大家介绍了男孩女孩亲密的真相——男孩女孩的亲热行为和我们成人想得并不一样，这个年龄段的孩子，只是简单的通过这样的方式，锻炼表达喜欢的能力，开始学习构建情感世界。

只要男孩女孩双方愿意且注意分寸，成人是需要允许孩子之间存在这样表达爱与情感的行为的，这样的身体接触能让孩子感受到情感的流动，也有利于孩子未来人际交往能力的发展。

相反，如果成年人将孩子的"亲密感情"看作"小流氓"行为，这是对孩子天真无邪、表达情感的伤害，像丫丫爸爸这样的做法，会让两个孩子都感觉爱的情感是羞耻的，会给他们造成不同程度的心理阴影。当孩子长大对异性产生爱意时，也会将这种美好的情感与羞耻联系在一起，不容易体验到爱情的美好。

所以，当父母觉察到男孩进入婚姻敏感期时，一定要理

253

解和接纳男孩喜欢搂抱女孩的行为，并进行正确引导为男孩保驾护航，让男孩处于宽松自由的成长环境中。

行为上引导男孩注意"身体界限"

我儿子读一年级的时候，有一段时间，非常喜欢和女同学搂搂抱抱，而且是"左拥右抱"，因为他个性开朗，很爱分享，女孩子也都很喜欢他，经常主动和他牵手拥抱。作为男孩的妈妈，看到儿子如此受欢迎，我心里挺开心的，但另一边我也很担心女孩的家长会生气。

所以，我经常会提醒我儿子，拥抱女孩子时，一定要经过对方的允许。我儿子有时候会反问我："妈妈，我可以和我兄弟拥抱，为什么不可以和女孩子拥抱？"

我告诉他："我知道你们是好朋友，但是不管是男孩还是女孩，拥抱之前，都需要经过对方的允许，比如说你不喜欢妈妈随便亲你，那妈妈亲你之前，一定会经过你的允许，你答应了我才会亲你。"

他又说："我的朋友都很喜欢我，好多次都是女同学主动抱我的，而且我都没有碰到私密部位。"

我点头称赞："嗯，我是你朋友的话，也会很喜欢你的，因为你总是能找到很多好玩的游戏。而且妈妈很高兴你能记住私密部位不能碰，这说明你是个尊重女孩的小男生，非常棒。妈妈就是建议你，你可以试试牵手，是不是一样能表达喜欢？"

他点头说好。但事实上，遇到喜欢的女同学时，他一激动还是会冲上去拥抱，玩的时候手牵手更是避免不了，这个时候，我一般会观察女孩的反应，如果男孩女孩都表现得很开心，我也选择尊重。当然，我也会特别注意观察女孩家长的反应，如果女孩家长表现出不喜欢的神色，我会马上找借口带我儿子离开。

扩大盟友圈，老师家长"统一战线"

身为男孩的家长，我们除了要保护好男孩的"美好小感情"，引导好男孩注意身体界限，更重要的一点是，我们要尽可能地扩大盟友圈，让老师和家长形成"统一战线"。

如果男孩某一段时间，特别热衷于用肢体语言表达对女孩的喜欢，我们可以提前和老师沟通，了解男孩在学校和

同学交往的情况,随时关注孩子的动态。老师注重家校合作,也会特别愿意配合家长,更好地帮助男孩健康快乐成长。

同样,作为男孩家长,我们也可以尽可能和男孩"好朋友"的家长建立良好关系,互相沟通,让双方家长一起为男孩女孩提供一个"自由表达喜欢"的环境。

当然,有一些女孩的家长,非常注意保护女儿,很介意男孩的一些"亲热行为",对于这样的家长,我们也要表示尊重和理解,提醒自家男孩要注意自己的行为。

家有男孩的父母,尤其要为男孩保好驾护好航。顺利度过这个阶段的男孩,在进入青春期后,也能很好地把握和女同学相处的尺度,在人际交往上展示优势。

你家的男孩是否有关系好的"女朋友"?

男孩女孩的相处方式,给你和对方家长造成过困扰吗?

第六章

别用错父母陪伴男孩的时间，
那是协助他"长成真汉子"
的秘诀

0~6岁，把男孩交给妈妈，让他在妈妈的爱里习得安全感与规则

父母的爱缺一不可，但男孩 6 岁前，最需要的是妈妈无条件的爱

"2 岁的男孩哭哭啼啼，怎么让他更勇敢？"

有位妈妈向我倾诉她的育儿苦恼。她有一个两岁半的儿子，性格很腼腆，出门一定窝在妈妈的怀里。妈妈很苦恼："男孩子怎么这样扭捏？"为此，妈妈经常故意"消失"，给儿子创造独立的机会。

但每次妈妈"离开"，孩子都会吓得大哭，变得更

加胆小怕事。妈妈说："我真的很怕儿子长大后变成个害羞内向、唯唯诺诺的男人。怎样才能让儿子变得快乐、自信和勇敢？怎样才能把他培养成坚韧有责任感的男子汉？"

很显然，这位妈妈对儿子成长为男子汉的愿望是热切的，但做法是错误的。一个两岁半的小男孩，需要的是妈妈给得足足的安全感，妈妈平白无故的消失只会适得其反。小男孩成长为一个拥有责任感和成熟魅力的男子汉，并不是一朝一夕的事情，而是取决于他在和父母共同生活的十几年间父母是否是坚定、友善的领路人。

男孩在和父母共同生活的十几年间，有三个阶段是男孩成长的关键时期。这三个阶段，如果父母给予其针对性的爱护和引导，男孩会稳稳地向男子汉这一转变迈进！这其中，最重要的就是打基础阶段：0～6 岁养育重点，把男孩交给妈妈，让妈妈给予他无条件的爱。

为什么这个阶段要把男孩交给妈妈？因为，首先母亲是与新生儿建立起最早、最牢固连接的人，也是婴儿第一个依恋的对象，婴儿对妈妈有着天然的依赖感；同时，面对幼小无助的婴儿，为人母之后的身心改变也让母亲愿意全身心为婴儿提供一切服务；相比之下，母亲确实能比父亲或其他养育者付出更多细致的关爱。所以，这个阶段的主要养育任务让妈妈承担更合适。

必须强调的一点是，0～6岁的养育重点由妈妈承担，并不意味着爸爸可以撒手不管，这个阶段的男孩，需要感受到整个家庭的温暖，爸爸妈妈缺一不可。同时，父母也无须焦虑，如果这个阶段妈妈因客观因素无法承担主要责任，其他养育者如果能给予无条件的爱与回应也是可以的。

那么，为什么0～6岁的男孩，需要无条件的爱？大量研究证明，与女孩相比，男孩对疼痛的感觉更敏感，会让男孩更易哭闹。6个月大的男孩，仍然需要妈妈贴心的照顾，但6个月大的女孩往往会通过吮吸手指或者玩玩具进行自我安慰。

即便到了3岁，和女孩相比，分离更让男孩感到焦虑，他会认为自己被抛弃，从而在情感上受伤，更容易烦躁。除此之外，男孩的大脑发育速度也比女孩更缓慢，连进入青春期的时间也比女孩晚两年，甚至连学会写字也要比女孩晚半年到一年。

所以，在男孩0~6岁这个每个方面都发展相对缓慢的阶段，更需要父母全心全意的爱和守护。通常来说，和男孩建立亲密关系的首选家长当然是妈妈，在这个关键阶段给予孩子足够的爱护和关注，孩子的安全感才能养足，大脑发育也才能更完善。那么，妈妈应该怎么给男孩"无条件的爱"？分享以下两个内容。

妈妈给男孩足够的"爱与回应"

我在小区散步的时候，看见一个两三岁的男孩摔倒，他的妈妈在旁边鼓励："勇敢一点，自己爬起来。"遗憾的是，男孩无法理解什么是"勇敢"，他很固执地一定要妈妈来抱他，母子僵持在那里，男孩哭得一把鼻涕一把泪，妈妈依然坚定地说："不许哭。"这样的鼓励显然没有效果，男孩哭得更厉害了。

我在旁边劝说："你抱抱他。"妈妈说："不行，他太爱哭了，我得教他勇敢一点。"我非常理解这位妈妈的感受，因为我也曾和她一样，对男孩持有刻板的印象，觉得男孩就应该勇敢、自信、乐观，出门一定要积极、阳光、礼貌，和小朋友们玩一定要热情洋溢，所以我曾经也不能接受男孩表现出柔弱的情绪，更不能接受男孩哼哼唧唧地哭。

但事实上，恶性循环就是这么开始的，父母希望通过"严厉狠心的教育方式"逼迫男孩学会勇敢，但男孩试图用"更夸张的哭闹求助"引起父母的注意，来获得拥抱和爱。于是，男孩越来越爱哭，父母就越发逼迫他坚强，男孩越来越迷茫无助，循环反复，导致男孩的安全感被破坏。

对男孩来说，他感受爱的途径很简单——就是父母，尤其是妈妈给予他的拥抱和爱护。男孩饿了，妈妈会送上食物；男孩摔倒，妈妈会温柔地拥抱安慰；男孩哭泣，妈妈会给予安慰"妈妈永远在这里"……男孩有需求，妈妈就回应，男孩就在这些细节的回应里，坚定不移地相信："我是被爱的。"

相反，如果他得不到妈妈的回应，无法在细节里验证"爸爸妈妈爱我"这件事，他就会怀疑："妈妈爱我吗？"因此，他所有的关注点就只能放在"索爱"上，幼小的男孩除了哭闹并没有别的技能，在分离焦虑极其严重的情况下，男孩变得更爱哭了。长此以往，男孩就无法构建自己的安全感，这样的男孩即便在生理上健康成长，在心理上也始终无法"长大"，他也无力去追求外在的世界，就像武志红老师所说：

"3 岁前的孩子，如果缺失妈妈的爱，这伤害是无法逆转的。"

武志红老师所说的"缺失"，一个是指生理上的陪伴，另一个则是指心理上的供给。所以，妈妈千万不要因为孩子是男孩就刻意严格要求，苛刻教育。天性使然，这个阶段的男孩，或许会比女孩还娇弱，还爱哭，更在意妈妈的拥抱和回应。

0 ~ 6 岁阶段的男孩，妈妈可以放肆地宠爱他，该抱就抱，该亲就亲，该说的甜言蜜语一句也不要落下。男孩在妈妈的回应里感受到爱，他才能建立足够的安全感，才敢放开妈妈的手去探寻外面的世界。而他之所以敢离开妈妈，是因为他相信，不管走多远，只要他一回头，妈妈都在他身后陪伴着他，他自然越来越勇敢，越来越独立，越来越像男子汉。

妈妈为男孩安排"规则与自由"

但是，"无条件的爱"不是溺爱，真正的爱更需要有界限。男孩不可以在爱里为所欲为，出现说脏话、攻击他人、伤害他人、无节制地提要求等不良行为。同时，研究也表明，男孩的自觉性水平显著低于女孩。所以，妈妈更要为这个阶段的男孩制定规则并坚定地执行。从男孩一岁半起，就可以根据家庭和孩子的情况，制定适合男孩的规则，比如"每天看电视不可以超过 15 分钟""做攀爬等运动时必须有父母在身边"，由妈妈来制定并与男孩沟通，能让男孩更容易接受。

当男孩逐渐长大，父母可以和男孩一起商量制定家庭规则，比如，4 岁的男孩可以学着向父母申请将"每天看电视不可以超过 15 分钟"调整为"每天看 3 集动画片"，因为15 分钟或许是动画片正看到关键的时刻，谁也不舍得关闭。男孩可以在实际体验中自己总结归纳好方法，再形成规则，这也是很好的学习体验。

重要的是，这个阶段的男孩需要了解规则，对制定规则的人表示尊重，他们通过遵守规则、尊重权威，从小懂得"维持社会秩序"的重要性，并获得道德上的满足感，这对培养男孩独立个性及融入群体非常有帮助。

需要注意的是，妈妈需要学会在"遵守规则"和"安全"的前提下，给予男孩最大的自由。男孩天生精力旺盛，爱调皮捣蛋，户外运动摸爬滚打玩得像只小泥猴，在家爬桌子掀柜子疯得像只小野猫，这时候妈妈需要有更强大的爱，

来包容甚至鼓励男孩"调皮捣蛋"。科学研究证明，男孩依靠运动和攀爬来健康地发育大脑，发展各种感官综合经验，越活泼好动、调皮捣蛋的男孩，各项发育指标越达标。

很多妈妈会疑惑，怎样一边对男孩说"不可以"一边证明"我爱你"？绘本《大卫，不可以》就是一个很好的示范。大卫是一个非常调皮捣蛋的男孩，他不讲卫生，不收拾玩具，玩食物，制造噪声，表现不礼貌的行为……总之，是一个会让妈妈崩溃的男孩。这样的"熊孩子"当然更需要妈妈的管教，所以，妈妈从始至终都在说："不可以。"但"不可以"和"我爱你"并不矛盾，喜欢是放肆，爱是克制，也正是如此，绘本的结局才更让人感动。结尾，妈妈对大卫张开双臂，给他温暖怀抱："宝贝，来这里！大卫乖，我爱你。"

这个阶段给予男孩足够的"爱"和"规则"，男孩的一生都会拥有强大的安全感和秩序感！他也会坚定地相信："爸爸妈妈是无条件爱我的，他们爱我，不是因为我学习好，不是因为我漂亮聪明，而是我就是我，他们爱的就是我本来的样子。"

需要再次强调的是，即便是"把男孩交给妈妈"的阶段，爸爸也一定要积极承担起和妈妈共同养育孩子的责任，

266

给妈妈精神支持和行动支持。比如，下班后为男孩换尿布、周末安排父子活动，让妈妈拥有一些独处时间。

一个嗷嗷待哺的婴儿成长为活力四射的男孩，真的需要妈妈付出很多，不光是生理喂养上的辛劳，更是心理层面的煎熬。显而易见的是，如果妈妈没有得到爱和支持，她是没有力量去给予男孩无条件的爱和回应的。所以，在"把男孩交给妈妈"的 0～6 岁阶段，爸爸一定要成为妈妈坚实的后盾，给予妈妈更多的爱，与妈妈携手给男孩更温暖的爱。

思考：你家的男孩在 0～6 岁阶段，得到妈妈足够的爱与回应了吗？

6~13岁，把男孩还给爸爸，让他在爸爸的陪伴里激发出心中的男子汉

父母的爱缺一不可，但男孩6岁后，一定要让爸爸多陪伴多承担

"家有男孩，怎样才能养成真汉子？"

家庭问题研究专家史蒂夫·比达尔夫遇到过这样一个案例，一个男孩生病了，病情复杂，经常反复，但怎么检查都查不出病因。这时，男孩爸爸从国外赶了回来，神奇的是，爸爸一回来，男孩的病就有所好转。不久，爸爸又要出门工作，结果，爸爸一离开，男孩的病又犯

了。男孩爸爸是一位非常有名的医学专家，但是非常忙碌，一年有 8 个多月的时间都在外面工作，史蒂夫便建议这位爸爸调整工作和生活方式。神奇的是，当爸爸把更多的时间放到家庭和陪伴男孩的身上时，男孩的病竟奇迹般地好了，而且再也没有犯过。

这个案例非常有意思，很多人会好奇，男孩这是在装病吗？并不是，其实这是一种非常普遍的心理现象。武志红老师在《为何家会伤人》一书中提到过很多次，很多孩子会把自己当作家庭的守护神，当父母出现离婚等问题时，孩子会突然生病，因为孩子生病，父母可能会放下矛盾，重新恢复关系。事实上，这是孩子的一种自我保护机制，是为了保护家庭潜意识下的一种心理反应。史蒂夫所遇案例中的这个男孩，他的爸爸见病人的时间比陪家人的时间都长，即便男孩在行动上认可了爸爸的工作，但潜意识却让他成为"病人"，只为得到爸爸更多的关注。

这个案例，非常值得父母尤其是爸爸深思。6 ~ 13 岁的男孩，虽然依旧需要妈妈，但显然，从身体到心理，都更渴望爸爸的陪伴。最大的原因就是，男孩受睾丸激素的影响，

身心会在各个成长阶段发生巨大的转变，其中最直接的影响就是——快速增强了男孩的精力和力量，他开始感受到来自内心世界的召唤，开始尝试成为男人，在感兴趣和偏爱的活动方面越来越像爸爸，也因此，他开始崇拜有力量的人。

细心的父母会发现，这个阶段的男孩非常爱模仿有力量的角色，比如奥特曼、超人、武术明星等，所以，这个阶段，男孩会视爸爸为超级偶像。如果爸爸能承担好"偶像"的职责，给予男孩力量和权威，男孩对于"什么是男人"就会有更清晰的认知，心理成长会更加顺利。这也是爸爸对孩子产生影响、在儿子心中树立英雄形象的关键时期。反之，如果爸爸没有在这个阶段承担起养育男孩的责任，那么儿子就会不时地制造麻烦，主要是为了引起父亲的注意。

美国国家政策分析中心的政策主席皮特·迪蓬曾在一篇调查中这样写道："每 10 个美国儿童中，就有 4 个在没有父亲的家中进入梦乡。十年之后，这一数字将会变成十分之六。有 60% 的强奸犯、72% 的青少年杀人犯以及 70% 的长期服刑人，是在缺少父亲的家庭中长大的男孩。"

这虽然是来自美国的数据，但观察周围，我们的很多父亲确实忙碌得早出晚归，早上出门时男孩还在睡觉，晚上回家男孩已经睡着，虽然住在同一个屋檐下，却是几乎不相见的室友。根据《中国家庭亲子陪伴白皮书》，中国家庭中，父亲对孩子的陪伴是非常缺失的，父亲陪孩子时间较多的家庭仅有 13%！

而缺乏父爱的男孩，反社会行为的概率会大大增加。这也是心理学家求证过的。另外，专家实验证明，得不到父爱的男孩，会更容易产生暴力行为，也更容易陷入困境受到伤害，在校成绩也相对较差。那么，当男孩处于 6～13 岁这一阶段时，爸爸要怎样参与到育儿中来呢？

妈妈一定要"让位"，男孩才有机会长大

有一位妈妈找我做咨询，说她的儿子 3 岁了，但离乳非常难。经过仔细询问，我发现事实却是：不是孩子离不开她，而是这位妈妈离不开孩子。

在家人的催促下，她计划在儿子 2 岁时离乳，一开始进展得非常顺利。她按照科学离乳的方法，在乳房上贴了创可贴，对孩子说："'内内'病了，我们不喝'内内'。"男孩执行得非常好，虽然非常想喝，但总会在最后关头停下，

自言自语说:"'内内'生病了,要休息。"

眼看孩子离乳就要成功,妈妈却开始心疼儿子,又说"'内内'病好了",主动让儿子重新喝奶。事后,在我的提醒下,妈妈承认,她是心疼孩子,但内心深处,确实也是她离不开孩子的依赖,一想到儿子无法在怀里喝奶,她突然就很舍不得。

男孩当然非常需要母爱,尤其是 6 岁以下的男孩,但必须注意的是,母亲过度的爱会让男孩永远长不大,心智始终停留在小男孩的状态。

事实上,男孩在 6 岁以后,会根据成长需求不再黏着妈妈,逐步"离开"妈妈,如果这时候,妈妈让位,让爸爸接替主要教育任务,是非常有利于男孩向男人迈进的。遗憾的是,现实生活中,爸爸普遍太忙碌,无法承担教育职责,而妈妈不但全心照顾男孩的衣食住行,更从心理上向男孩表达:我爱你,妈妈离不开你。这种拉扯,会让男孩无法真正完成"情感脱离"的步骤。

从心理学的层面来看,男孩和母亲的心理分离是各有侧重的:男孩在 0 ~ 6 岁时对母亲完全依赖;在 6 ~ 13 岁阶段则开始追求独立,慢慢学会与母亲"心理分离",这样男孩才能在找到伴侣之后再次进入情感相互依赖的阶段。如果男孩迟迟不和母亲"心理分离"，他就没办法习得独立的能力，没有办法从心理上界定亲密关系的边界。这样一来，他也就无法和未来的伴侣形成相互依赖的亲密关系，会出现非常多的情感问题。这样的男孩长大成人，就比较容易成为所谓的"妈宝男""离婚男"。

所以，这个阶段的妈妈需要学会"让位"给爸爸。妈妈要多多创造爸爸和儿子独处的机会，让男孩跟着爸爸学着成为男人。

妈妈学会"让位"给爸爸

结构式家庭治疗大师李维榕说:亲子不如远子!这个说法来自她几十年的家庭治疗经验:妈妈和儿子过于"黏糊"、爸爸没有立足之地的家庭,最容易养出有问题的孩子。妈妈要保护男孩这个阶段崇拜和爱模仿男性的特殊需求,协助爸爸树立权威,促进父子形成亲密关系,当然更要推动爸爸承担对儿子进行管教的责任。

研究证明,没有父亲管教的男孩更容易在青春期遇到各种各样的问题而无法解决,导致伤痕累累,甚至产生的挫败心理永远都无法完全恢复。

当然,并不是说妈妈这时候就可以撒手不管,男孩任何阶段的成长都需要父母的同心协力。在"把男孩还给爸爸"的阶段,妈妈要做的是大后方的稳定工作,以女性固有的温柔,做男孩的强大后盾,让男孩明白不管发生什么事,都可以依靠爸爸妈妈,不需要掩盖自己脆弱的感情。在妈妈持续包容下长大的男孩更有能力疏解自己的负面情绪。

爸爸多陪伴做好榜样,激发男孩长成男子汉

《养育男孩》一书中有一个挺让人心酸的知识点,通过

下面四个线索可以推断出男孩缺乏父爱。

❶ 男孩好斗；

❷ 男孩有大男子主义行为和爱好；

❸ 男孩的行为方式很单一，喜欢装酷，冷眼旁观；

❹ 看轻女性以及其他弱势群体。

妈妈给男孩带来爱和温暖，爸爸则负责给男孩带来力量和权威。但前提必须是陪伴，如果连人都见不着，如何谈榜样的力量？

父亲的兴趣和时间，对男孩来说非常重要，我们先说说父亲的榜样作用。

爸爸对待工作的态度，对待家人的态度，对待朋友和陌生人的态度，对待兴趣爱好的态度，都会潜移默化让男孩了解，男人和女人的行为、处事方法是不一样的。比如，妈妈带男孩，天性使然，会选择比较轻松、相对安全的游戏；但爸爸带娃就不一样了，他会利用男性的优势将男孩举高高，帮助男孩翻滚，带着男孩去爬山、跑步，鼓励男孩追求刺激，让男孩多挑战身体和心理极限。

事实上，受睾丸激素的影响，男孩的情绪会普遍高昂，表现得精力旺盛。男孩喜欢挑战，敢于竞争，但进入快速

成长期的他是缺乏目标和方法的，所以他经常会像无头苍蝇一样乱撞。而这时候，爸爸及时补位，告诉男孩作为男人，我们和妈妈作为女人是不一样的：我们在行为上，应该积极勇敢、挑战困难；而在责任上，因为我们是男人，需要担当起男子汉的责任，保护和照顾好妈妈。

这个阶段，"把爸爸当作偶像"的男孩是会无条件信任爸爸的，在爸爸的言谈举止和教育里，男孩会慢慢学习：对外，男子汉需要尊重妈妈，保护妈妈，以及尊重像妈妈一样的女性和其他弱势群体；而对内，男孩会理解为什么自己对成就、团队、竞争、冒险有那么大的热情，也知道该如何表达和追求这种热情。

当然，榜样是需要被看见的，也就要求爸爸能给予男孩更多的陪伴。很多父亲会头疼："我也很想回家陪儿子呀，但赚钱养家那么难，总不能放下工作回家带娃吧，那谁负责养家？"确实，让爸爸放下工作回家陪伴也不现实。

我们对爸爸的要求也没有那么高，我们更在意的是，爸爸一定要有主动陪伴男孩、教育男孩的意识，因为 6 岁以上男孩的教育，很多必须由爸爸来做，比如说性教育。事实上，只要爸爸有陪伴孩子的意识了，不管工作多忙，也是可以抽出时间的。

我老公的工作就非常忙，经常出差，就算不出差，也早出晚归，虽然半夜回家，他也会去亲吻睡着的孩子，贴心给孩子盖上踢开的被子。父子俩经常是好几天无法见面，更别说沟通，但我老公以前并没意识到这有什么不对。尽管我数次要求他早点回家，他也经常说："真的要应酬，没办法回来吃饭。"

直到我儿子 7 岁，我让老公去教他清洗下身。我明确告诉他："现在儿子都是自己洗澡，但他完全不知道怎么清洗下身，我也不知道，你要教会他。"于是，父子俩在浴室待了好久，出来后，我儿子很兴奋，对我说："妈妈，以后我都要自己洗澡了，爸爸说了，男人要自己洗下身，一定要翻起来把里面洗干净，爸爸还教我用吹风机把它吹干。"

我说："也不用这么夸张吧，还要用吹风机？"我儿子一边享受他爸爸对他的穿衣服务，一边很骄傲地说："妈妈，你是女人，你不懂，不知道我们男人的事。"我和老公都被他这稚嫩的话逗笑。但也是那一次，我老公才意识到，有些教育，确实需要他来做，他也开始认真安排好时间，专门用来陪伴儿子。

比如，我老公会尽量把工作和出差都安排在工作日，保障周末是家庭日。每周六是固定的父子时间，我老公会单独带儿子出去徒步、跑步。

另外，我会专门安排一场"周末家庭会议"，要求老公必须参加，其中一个很重要的环节就是，让他了解儿子近期遇到的问题，让他从男人的角度给儿子建议。事实证明，同样的问题，"我作为妈妈"和"他作为爸爸"确实会有不同的看法，即便我们都会给儿子提意见，而大多时候，儿子会选择爸爸的建议。

有段时间我老公非常忙碌，没办法陪伴儿子，但不管他多晚回来，我都会要求他，负责叫儿子起床，送儿子上学。

把男孩还给爸爸，其实更多指的是男人对男孩的精神引领。如果爸爸的工作确实非常忙碌，那么我们也要有一个最低要求：每天20分钟的高效陪伴。大家可以参考"家庭123"法则。

每天1次，每次20分钟，爸爸选择和儿子做三件事中的任意一件。

这三件事分别是一起读书、一起玩游戏、一起聊天。

注意！每天20分钟的陪伴只是最低要求。事实上，如果爸爸能够早起 1 小时，带着男孩做运动，是非常容易成为男孩的"优质偶像"的。

这一点，中国公安大学的李玫瑾教授也是认同的。她认为，孩子 6 岁前可以妈妈为主进行养育，但 6 岁后，尤其是孩子进入青春期后，爸爸一定要多陪伴，如果不知道怎么陪伴，那么就做两件事：一、爸爸带着孩子去做运动；二、爸爸给孩子聊世界。

虽然爸爸的陪伴很重要，但单亲妈妈也不要焦虑。事实证明，很多单亲妈妈也可以把男孩教育得很好。但对于单亲妈妈，我们会建议，尽量为男孩寻找一个出色的男性榜样，比如，男孩的舅舅、老师、外公等。

请爸爸思考：你每天有多少时间陪伴儿子？你计划如何陪伴？

13～18岁，父母要为男孩严格筛选"引路人"，尊重他变得更强的欲望

进入青春期的男孩，开始渴望离开父母

13岁的方卓非常不听话，这种不听话不是小时候那种"你叫他往东他非往西"的闹腾，而是，他把父母当空气，连说话的机会都不给，但凡父母多说几句，他就一脸不耐烦，直接躲进房间，"啪"一声重重关上门。

如果说小时候的方卓调皮，惹父母生气，父母还能批评教育，但现在就不一样了，方卓父母感觉和儿子之

间像是隔着太平洋，无论父母怎么努力，都像热脸贴冷屁股。更气人的是，方卓妈妈发现方卓在床铺底下收藏了不少少儿不宜的杂志，他们担心儿子早恋，便安排爸爸去跟踪，看看晚自习放学后方卓会干什么。结果，这么一跟踪，又发现件糟心事，方卓竟然学会了抽烟，看他抽烟那个样子，显然已经抽了很长一段时间，姿势都非常熟练了。

一天晚上，父子俩爆发了激烈的争吵，甚至扭打了起来。青春期的男孩力气非常大，爸爸被压制了，无奈之下，妈妈只好报警。警察上门，费了好大力气才把父子俩分开。爸爸气得不行，妈妈哭得伤心，方卓哭得更是厉害，好像受了天大的委屈似的。

原来，方卓和爸爸妈妈的感情本来就比较淡薄，他从小在奶奶身边长大，小学才被爸爸妈妈接回来。但平时父母都忙，更多是照顾他的生活起居，很少和他进行情感沟通。小时候问题不明显，等方卓越长越大，和父母相处下来就像是最熟悉的陌生人。父母这才意识到不对劲，想找机会和他聊天，而不到 13 岁的方卓却非常有主见，开始拒绝父母的示好了。

这件事说来伤感，但孩子对父母的需要是有时效性的。前6年是男孩最需要妈妈的时候，后6年是男孩最需要爸爸的时候，如果这两个阶段父母给的爱足够，男孩也就能平稳度过青春期，健康成长。当然男孩也会遇到不少问题，但不会阻断和父母的沟通联结。如果父母错过了这两个成长阶段，在孩子12岁前依旧有机会弥补，就是需要父母付出更多的耐心和关爱；一旦孩子过了12岁，正式进入青春期，亲子关系就比较难弥补了。

教育学家王占郡指出：青春期的孩子开始有了生命主体的觉醒和自我意识的提升，对什么都不再轻易盲从或依附，向往自主独立的自由空间。他们会在以下四个方面表现出独特的兴趣和追求：

❶ 自己做主；

❷ 寻找伙伴；

❸ 离开父母；

❹ 与众不同。

很显然，"离开父母"已经成为青春期男孩长大的标志！13～18岁的男孩，睾丸激素大量分泌，分泌量几乎是以前的8倍，这种情况下，他们会变得非常暴躁，喜怒无常。

他们非常渴望成长，对未来充满期待，但又因为无知而迷惘，他们迫不及待想去闯荡更大的世界。在这个阶段，如果男孩想要从"幼稚的少年"成长为"成熟的男人"，就需要成熟的男人引导。遗憾的是，进入青春期的男孩最想做的事就是"离开父母"，证明自己很"强大"，自然不愿意接受爸爸的帮助。

这就非常考验父母为男孩挑选"引路人"的能力。青春期的男孩如果缺乏成熟的引路人，就会转而求其次在"寻找伙伴"里寻找自我，但一群迷茫的青春期男孩聚集在一起，如果又缺乏引导，是非常危险的。就像方卓一样，一群初中男孩聚在一起，试图用抽烟、早恋的方式证明自己很强大。家有 13 岁以上的男孩，父母一定要了解以下两点。

好的引路人能把青春期男孩送上康庄大道

先为大家讲一个"男孩缺乏引路人"的真实故事。法律人罗翔，在上初中的时候，有一个关系非常好的朋友，那个朋友学习成绩非常好，有一回，他约罗翔去玩，刚好那天罗翔没空，就错过了。在那之后，罗翔再也没见过他，

后来罗翔才知道，这个朋友坐牢了。

罗翔很疑惑：他明明是个品学兼优的好学生，发生了什么事情呢？原来，罗翔朋友约罗翔去玩的那天，学校的一群混混去打劫，让罗翔朋友帮忙把风，就这么一件事，让他坐了牢。知道真相的罗翔后怕不已，他说："我现在是懂得法律，但如果那次不是我没空，如果我要是和他一起去，他叫我去把风，我肯定也去了。"

显而易见，如果能有一位引路人，能在平时的沟通里，告诉那个孩子什么是对错，了解他想证明自己强大的心思，给予他正确的建议，或许，今天他也会和罗翔一样成为"法律之光"，真正强大到可以帮助很多人。

我们再来看另一个"引路人托举男孩成为作家"的真实故事。刘震云是当代非常成功的作家之一，他出身贫穷，别说读书，连吃饱饭都很艰难，但两个"引路人"却改变了他的命运。这两位引路人，是他的两个"哲学家"舅舅。

刘震云的一个舅舅，是个赶马车拉货的，他给13岁的刘震云上了人生的第一课："像你这样既不聪明又不傻、不上不下的人在世界上很麻烦，你想过将来娶媳妇的事吗？如果你要娶媳妇，就要离开这个地方，在这个村里边，你最大的前途也就是跟我一样赶马车。你要是离开这个地方，可能就会有另外一种人生的道路。"刘震云听了他的话，14 岁离开家乡参了军，一直走到现在。

刘震云的第二个领路人，是他另外一个舅舅，当地闻名的木匠，所有的同行都认为他"毒"，所有的顾客都认为他的木匠活儿好，刘震云很疑惑为什么有人喜欢舅舅，有人讨厌舅舅。舅舅告诉刘震云："别人说你坏、说你好并不重要，问题是怎么成为一个好的木匠。无非别人打一个柜子花三天，我花的是六天；但只是花功夫你还不能成为一个好木匠，因为我喜欢木工活，我喜欢刨花发出的那种味道。"

刘震云回忆，他当兵那几年，木匠舅舅的这番话，在他在路灯下值班站岗、面对一片漆黑的沙漠戈壁的时候，会时常涌上心头，给他引路。很多年后，读了很多书的刘震云发现，木匠舅舅告诉他的话跟孔子名言一样——"知之者不如好之者，好之者不如乐之者"。

也正是有了这两位引路人，13 岁的农村男孩刘震云，才走到更大更远的地方去，也才选择了他最爱的写作，也因此，他找到了属于自己的世界。

24堂
男孩养育课

父母一定要为男孩寻找三观正的引路人

了解了引路人的重要性之后，父母一定要严格把关，为13岁以上的男孩选择人品好、正直、上进、有智慧的成熟男人，为男孩引路。引路人并不需要长期和男孩在一起生活，更多的是给男孩精神上的指引。当然，前提是男孩非常尊重以及崇拜他，愿意以他为榜样，这样才会愿意受他的影响，听他的建议。

引路人的首选，当然是亲戚朋友。我有一位邻居，他真的是一位非常用心的爸爸，他和儿子昭昭的关系挺不错，但进入青春期的昭昭还是希望自己去了解外面的世界，很多事情都喜欢自己做主。昭昭爸爸思考了很久，想起昭昭有一个在985院校念书的堂哥，那个堂哥大二就入了党，又是学校的学生会主席，人品成绩各方面都很好。而且，昭昭也很喜欢这个哥哥。

在昭昭爸爸的拜托下，堂哥和昭昭成为朋友，天南地北什么都聊。有一回，昭昭想买一双3000元的运动鞋，被父母拒绝后，他心情一直不好，父母发愁了好几天。有一天晚饭时，昭昭突然很轻松地说："我想了想，还是不买了，3000元买双鞋确实不划算。"原来，昭昭向堂哥抱怨父母不给他买鞋，堂哥站在"过来人"的角度建议他没必要花冤

286

枉钱。昭昭喜欢堂哥，一直以他为榜样，虽然堂哥说的道理和父母说的一样，但昭昭却听进去了。就这样，昭昭父母和昭昭堂哥一直互相通气，暗中给昭昭保驾护航。

当然，如果没有合适的亲戚朋友，为青春期的男孩找一位他喜欢的男老师，也是很好的方式。同时，父母也可以稍微留心关注男孩的好朋友是什么情况，男孩新认识了什么朋友，关注男孩所处的圈子。需要注意的是，13 岁以上的男孩，生理和心理都在往男人方向转变，最在意的就是自尊，所以父母要记得凡事做到相互尊重。

有些父母会问，如果男孩 13 岁之后都想着"离开父母"，那之前 0 ~ 6 岁、6 ~ 13 岁父母的陪伴还有意义吗？当然有意义。妈妈构建的安全感越扎实，爸爸给予的力量越强大，男孩就越能做好"成为男人"的准备，进入青春期后的"渴望自主"里就越带着坚定的光芒，他甚至只靠自己就有能量寻找到让自己仰望的引路人，热情澎湃地去追求更广阔的世界，而父母只需要稳定地做好他的支持者即可。当然男孩的成长总是带着痛的，也会遇到问题，但亲子关系好的家庭，可以把遇到的"问题"当作又一次"成长的机会"来解决。

相反，如果 13 岁前男孩缺失父母的陪伴和引导，进入

青春期后，他的很多力气会放在情绪内耗上，甚至他会认为："反正你们不爱我，我就故意做点什么气死你们。"他不但很难判断什么是真正有力量的引路人，甚至，很容易受同龄人影响，认为叛逆地和父母作对就是自己与众不同的标志。于是，内心力量不足的男孩，遇到的每一个问题，都会成为重创亲子关系的大灾难。这个过程，父母很辛苦，男孩也很容易撞得头破血流。

所以，父母一定要珍惜孩子需要你的时间，很多事情，过去了就真的没有机会再弥补，曾经喜欢窝在父母怀里的男孩，其实很快就会长大，头也不回地闯荡世界去了。而到了那时候，父母才会意识到，原来，0～6岁、6～13岁不光是父母给男孩最多爱的时候，也是男孩反馈给父母最多礼物的时候。

愿所有父母都能在男孩的成长之路上给予帮助，助他一臂之力，数年后，我们将为收获一个真正的男子汉而骄傲。

思考：你能为你家的男孩找到怎样的引路人？

放下 100 分的完美执念，育儿育己，和男孩一起成长

所谓育儿育己，是 80 分的父母和男孩一起成长

为什么有些妈妈那么温柔那么棒

日野原重明先生是个非常厉害的全才，他的本职工作是医生，是日本提倡预防医学的第一人。除此之外，他还是作家，出版了两百多本著作。有一次，记者采访他："您为什么能这么成功？"日野原先生回："要归功于我的妈妈。"

日野原先生小时候，是个非常爱撒泼打滚的"熊孩

子"，如果遇到什么事不明白或者不能接受，就会马上躺地上哭闹，每当这时，他的妈妈就会在旁边温柔地笑："这孩子长大了，是会成为了不起的人，还是会成为个大无赖呢？"看到这段话的时候，我非常震惊，也非常感动，我无法想象，他的妈妈到底得拥有多大的胸怀，多温柔的性格，才能充满着爱允许男孩慢慢把情绪发完。

日野原先生把自己的成功归结于母亲的"全然信赖"和"耐心等待"，他说："我的母亲一直都相信我是一个自觉的孩子，一直给予我自由和全然的信任。"

这段话，让我很是羞愧，纵然我很爱我的儿子，但很长一段时间，我并不能做到全然接纳和信赖，也无法耐心等待孩子慢慢成长。

孩子撒泼打滚的场景，家有男孩的妈妈都非常熟悉。我不知道别的妈妈是如何应对的，但我知道科学育儿的方法是：妈妈要温柔而坚定，接纳男孩的情绪，不接纳男孩的行为，就像日野原的母亲一样。

遗憾的是，道理谁都懂，却未必容易做到。我儿子小时候，撒泼打滚的时间至少两小时起步，说实话，我会非常烦躁，我无法接纳他的行为，也无法接纳他的情绪，我做得最好的时候，也只是耐着性子忍住不发脾气而已，我就那么冷冷地在边上看着，极不耐烦地等着他哭闹完⋯⋯

我无法接纳哭闹的孩子，又反过来自责为什么不能像别的 100 分妈妈一样温柔而坚定。于是，在这样的恶性循环下，我变得无法接纳自己，更无法做到全然爱和信任我的儿子。在这一点上，我的丈夫比我做得好，他是个典型的 80 分爸爸，基本不看育儿书，也不主动学习育儿知识，完全凭着"天性"爱孩子，但他有一点非常值得我学习，他的自我接纳度很高，他也能真正做到无条件地爱孩子。他觉得当下的他，当下的我，当下的孩子已经非常棒了。

我是辛勤养育的妈妈，他是周末陪伴的爸爸，非常有意思的是，我儿子给我们的打分完全不同。有一段时间，我儿子会把我们放入黑名单与红名单：黑名单里我得过 -100 分，爸爸得过 -10 分；红名单里我最高分是 90000 分，爸爸的最高分是 900000000 分，而且爸爸连续得了好几次。我们都问过孩子，到底爸爸做了什么能得到这么高的分？我儿子回答："我就是感觉爸爸很爱很爱我，不管我做什么他都很爱我。"

给爸爸妈妈打分

说到底，父母是不是无条件爱孩子，孩子是最敏感、最能觉察出的。

有人说，人生最好的修行就在当下，如果夫妻关系不好，这就是当下最适合你的修行；如果亲子关系困难，这就是最能帮助你历劫的好机会。

带着这样的觉醒，我遇到了《正面管教》作者简·尼尔森的故事。《正面管教》的育儿法风靡全国，但尼尔森却是

292

个普通妈妈。有一回，她和女儿因为某事发生很大的争执，她的女儿非常生气，举起《正面管教》的书籍讽刺她："你就是个骗子。"尼尔森几乎暴怒，母女俩大吵了一架。

事后，平静下来的尼尔森认真地向女儿道歉，并把这个故事真诚地分享给大家，这个故事也让我彻底开窍，连写出《正面管教》的尼尔森都做不到每次都能控制好自己的情绪，我们为何要纠结于此呢？也因此，我明白两个道理：

❶ 你没必要做 100 分妈妈，也没必要要求孩子做 100 分男孩。

❷ "无条件的爱"归根结底是接纳，父母先接纳自己，才有力量接纳男孩。

接下来，和大家分享两个实操方法。

接纳不足，父母和男孩一起进步

我经常会陷入一种误区，自己做不到，却希望别人能做到。有时候，我也会不自觉地把这种期待放到育儿上。就像我，因为自己不够自律，所以非常渴望我儿子能自律。事实上，我自己都做不到的事，为什么要求孩子做到？还因

为孩子做不到而生气？而反过来，孩子真的是我们的老师，他们看待世界的初心，他们对待事情最本真的态度，他们的行为举止，都比我们大人要好得多。

有一次，我和儿子约定早起读书。闹钟响了之后，儿子很快就爬了起来，他冲到床边喊我："妈妈，我要读书打卡，你快起来。"我向来不容易早起，那天也不知道怎么就稀里糊涂，竟然搂着儿子又一起睡了过去。

因为没有早起成功，自然读书打卡也失败了。换作以前，我会非常生气，气自己没做到，还连带着做了坏榜样影响孩子。但那一次，我停止自责，转变了态度。

首先，我选择了接纳。我之所以那天没法早起，是因为前一天晚上工作得太晚太辛苦，这说明我的身体需要那么多的睡眠，同理，我的儿子被我搂着再次进入睡眠，也是因为他的身体需要那么多的睡眠。不气自己早起失败，接纳自己对晚起的需要，这种"接纳"让我放下自责，不再用100分妈妈要求自己。

其次，我在接纳里和孩子一起寻找鼓励。就这件事，我表扬了儿子："你做得非常棒，闹钟一响你马上就起来了，还记得读书打卡的事情，妈妈要向你学习。妈妈今天做得不太好，还影响了你，妈妈给你道歉，但是妈妈特别想得到你的帮助，想让你多鼓励我，我们一起互相提醒，一起完成读书打卡好吗？"

最后，我们一起在"做不到"里完善规则。我儿子是个非常包容的人，他马上原谅了我，也愿意帮助我，然后我们开始分析无法早起的原因，重新调整规则。

妈妈："我们把早起的时间往后挪一下，然后试试再早一点睡。"

儿子："可是我有很多作业呢。"

妈妈："对，所以我想我们以后每天做个计划，把最重要的事先完成，其他不是很重要的任务我们就减少，比如你的运动，如果游泳了，那天就不要跳绳了。"

儿子连连点头："对的，妈妈你都不知道，我周一、周五晚上要游泳，那两天还有体育课，回来再跳绳真的很累。"

妈妈："呀，你早点告诉我就好了。我也觉得我以后不要给自己安排那么多工作，每天把最重要的完成就好。"

儿子："妈妈，我感觉我很累也不容易睡着。"

妈妈："那我们睡前先泡脚怎么样？"

儿子："耶！我最喜欢泡脚了。"

那天，我们集中精力把最重要的工作做完之后，很愉快地去泡了脚并早早睡下，第二天果然早起就容易了不少。

在我当全职妈妈的前三年，我是无法做到这么心平气和地看问题的。遇到问题，我下意识地就会陷入负面情绪中，自我谴责，觉得："完蛋，我把孩子给毁了，我真是一个没用的妈妈。"这种高要求也给孩子带来很大的压力，因为做不到会被妈妈批评，他就会越来越畏缩，不敢尝试。

但后来我发现，其实让我们难过的，并不是问题本身，而是我们遇到问题时的态度，当我们接纳自己，接纳不足，接纳那个不管怎样都是"我"的自己，我们也才能真正地做到无条件地爱自己，也才有力量无条件地爱孩子，而孩子也会再次反过来给我们力量。

主动向男孩道歉，育儿育己共同成长

我当全职妈妈的前三年，非常情绪化，经常会发脾气。很显然，情绪化会让孩子非常没有安全感，所以我也很自责，非常讨厌自己，当然，我也一直很努力地想要改变。后来，我慢慢放下"100分妈妈"的高要求，从自责的情绪里走了出来，选择直面问题。

我发现，我的情绪化有很多原生家庭的问题，在育儿的过程中，我童年受的伤害会不自觉再次出现，我不知道怎么处理，也无法控制，就再次复制到当下的育儿中。我学习了很多心理知识后，才意识到这是我的问题，和孩子没有关系。我慢慢理解"育儿育己"这四个字看起来简单，真要做到非常难。但秘诀就是，把父母的问题交给父母，把孩子的事情还给孩子。我自己去解决我的情绪化问题，就事论事主动向男孩道歉，"育己"也才能在"育儿"中真正成长。大家可以参考一下我的做法。

首先，认真道歉。"对不起，妈妈刚才发脾气了，我很抱歉，我其实是生自己的气，害怕自己不是好妈妈，不懂教育，没办法培养好你。你做错了事情，妈妈确实很难过，但妈妈可以用更好的方式帮你一起解决，不应该只发泄情绪，不解决问题，请你原谅。"

其次，真诚沟通。"妈妈给你讲过绘本的故事，里面告诉我们很多处理情绪的办法，很抱歉妈妈今天做了错误示范。妈妈是这样计划的，以后尽量控制自己不要发脾气，如果实在控制不住，我就先回自己的房间冷静一下，你让妈妈

单独待一会儿，我们都冷静下来再沟通。谢谢你愿意接纳妈妈，妈妈也想请你监督妈妈，少发脾气，好吗？"

父母做错，对男孩来说当然是不好的榜样，但比起什么都不做，父母主动道歉和寻找事后解决办法显然可以把"错"再次当作教育机会。道歉是对男孩表示尊重，沟通是借此机会让男孩知道"问题出现之后，我们需要道歉，但更需要解决"。这个过程，是育己的成长，也是以身作则的育儿过程。

尹建莉老师曾说，孩子是不需要额外教的，你做好你自己，给孩子光和水，只需要等待就好，他是苹果树就会结出苹果；他是梨树就会结出梨。想来，追根溯源，育儿无非两个道理：父母以身作则做好榜样；全然信赖、耐心等待男孩成长。当父母持续进步，男孩又怎么不会茁壮成长呢？

最后，想和大家分享一个关于我儿子的暖心故事。有一回，我写的一篇急稿出现好几个错别字，是很低级的错误，我自己都无法原谅自己，聊天的时候，我就和儿子聊起这件事，本意是想借此教育他，做事要认真。

他当时 6 岁多，问我什么是错别字，我举例："比如说你最喜欢的迪迦奥特曼，我写成了迪减奥特曼。"他说："哎呀，这有点严重，奥特曼卡片正版要 2 元钱，盗版 1 元钱，有错别字就更少了……"

我正无语，他马上又安慰我："妈妈，没事，我以前在幼儿园吃饭时也是吃不好，但后来努力吃就可以吃下去了，你也是一样，写文章看着没法写，但努力坚持，就可以写下去了，加油，你可以的。"

那个当下，我非常感动，我很意外他能说出这样一番有哲理的话，更意外他能站在我的角度共情我的难过并安慰我。以前他犯错，我总是以"为他好"为由严厉指责，可我做错事，他给我的却是这么暖心的安慰。那一次，我非常羞愧，也更深层次地认识到，其实，孩子才是父母真正的老师！育儿育己真的是件很幸福的事！

阿德勒教给我们的道理

阿德勒的咨询室里放着一根三面柱，柱子的一面刻着"我很可怜"，另一面刻着"别人很可恶"，最后一面刻着"怎么办？"，每次来访者到他的咨询室，他都会拿出他的三面柱，问来访者："你选择谈什么？"

现在，我想问正在阅读的你，我知道你很辛苦，为人父母，工作鸡飞狗跳，生活一地鸡毛，男孩撒泼打滚，育儿升级打怪。但是，你选择的是什么呢？

致　　谢

诚挚感谢翻开这本书的每一位读者。

尹建莉老师曾说："我必须做到让购买我的书的家长觉得这本书对他们有用。"在育儿专家面前，我诚惶诚恐，但我的期待和尹老师一样，希望这本书能给"曾像我一样无助的妈妈"些许力量。

曾经陷入育儿绝望的我，最大的渴望就是找到一本"育儿宝典"，我只需要一一照做就行。但经历了 8 年挣扎与成长，学习了大量育儿和心理学知识，接触了大量家庭案例后，现在的我意识到，每个家庭、每个孩子都有自己的个性，没有一种育儿方法可以一劳永逸，非要说有的话，答案只有

一个——健康亲密的亲子关系，这也是这本书的核心思想。但是，我也以"过来人的需求"，尽可能地发挥出这本书的实用性，通过男孩的诸多共性问题，去帮助父母快速找到答案，先直接解决当下的育儿问题，再潜移默化育儿育己、共同成长。如果这本书能让家长朋友们感到实用，那是我最开心和感恩的。

完成这本书，我要感谢很多贵人。

感谢各位编辑老师的辛勤付出，谢谢他们的信任和指导，才让这本书有机会被更多家长看到。

感谢我的老师秋叶大叔，是他打开我的认知，教会我站在更开阔的角度看待人生，让我拥有更多可能。感谢儿童早期教育专家小七老师，感谢儿童性教育专家穆莉萍老师，感谢"清华状元好习惯"创始人何小英老师，感谢儿童游戏化阅读发起人李玲老师，感谢张德芬空间总编江晚舟老师，谢谢他们对本书内容的指导，及对该书的倾情推荐。

感谢福州她时代社群，让我真正理解"把伤变成徽章"到底是种怎样的勇气；感谢我的好朋友小海狸手工铺的金龟子老师，是她对育儿的坚守让我学会正视自己的育儿之路；感谢我的好朋友"勇敢说口才培训中心"创始人汤金燕，以及我的好朋友热爱花艺的满之，是她们手把手带着我一点点开拓自己的人生边界；感谢和我一起"悦己读书写作"的学生们，是她们的支持和肯定，让我一点点储备起"温暖自己和他人"的力量……

我还要特别感谢我的丈夫，谢谢他这些年来一直包容我的坏脾气，纵容我慢慢找回自己。以及，我要无比认真地感谢我的儿子，他调皮又暖心，勇敢又胆小，敏感又无畏，极其矛盾，像极了我，却又比我美好。我无数次责骂过他，他无数次激怒过我。我们无数次地搂在一起欢笑过，更无数次地抱在一起号哭过。但不管什么时候，他永远认为我是他最好最好的妈妈，而在我真正做到育儿育己的当下，我也发自肺腑地觉得，他是我最好最好、最独一无二的儿子，我要谢谢他，教会我真正懂得爱、懂得感恩、懂得勇敢。我更要感谢他，因为他，我才真正和自己和解，寻找到自己的人生价值，将育儿育己落到实处。当然，我也要感谢我自己，谢谢自己没有忘记当年深夜里的那些哭泣，一步步支撑自己，从焦虑的全职妈妈，成长回有力量的自己！

最后，感谢这么优秀的您愿意阅读我的书，如果这本书对您有帮助，也欢迎分享给身边有需要的朋友。